居民生活品质提升路径

——以北京市为例

段婷婷 著

The Way to Improve Residents' Quality of Life

Taking Beijing as an Example

社会科学文献出版社
SOCIAL SCIENCES ACADEMIC PRESS(CHINA)

前　言

改善和提高全体人民的生活品质是社会发展的重要标志，也是社会发展的主要目标。习近平同志指出："不断提高人民生活质量和水平，是我们一切工作的出发点和落脚点，也是全面建成小康社会的根本目的。"《北京城市总体规划（2016年–2035年）》中提出："要不断提升城市发展质量、人居环境质量、人民生活品质、城市竞争力，实现城市可持续发展，率先全面建成小康社会，建设国际一流的和谐宜居之都，谱写中华民族伟大复兴中国梦的北京篇章。"人民生活品质提升是率先全面建成小康社会的应有之义，也是建设国际一流和谐宜居之都的重要支撑。

本书以笔者近年来在社会发展领域的相关研究成果为基础，以生活品质提升为主线，对北京市居民生活、社会公共服务和社会治理等方面的重点问题进行了研究和探索。全书分为四章。第一章生活品质的理论研究，通过文献回顾，梳理总结了生活品质的概念内涵和研究脉络；通过定量分析，明确了影响居民主观生活品质的主要因素，结合北京市的战略定位、发展任务、具体市情以及面临的形势，提出了研究北京居民生活品质的重点和难点，对生活品质提升路径进行了探索和思考。第二章生活品质的物质基础，从居民的收入和消费以及生活性服务业发展的角度，分析了北京居民生活品质提升的物质基础。第三章生活品质与社会公共服务，主要采用定量分析的方法，分析了北京市公共服务满意度，探讨了北京市的养老、学前教育等社会公共服务重点领域的问题。第四章生活品质与社会治理，从社会治理的理论出发，对北京市在社会治理方面的"民意立项"、"网格化"和"街乡吹哨、部门报到"等创新探索进行了梳理和分析,对北京作为超大城市社会治理的一些难点问题进行了研究和探讨。本书通过文献分析和数据分析,对北京市居民生活、社会公共服务和社会治理等影响生活品质的重要方面和重点问题进行了研究和探索,对北京市的社会公共服务的若干重点领域、北京市社会治理的发展现状和存在的问题进行了梳理和分析,提出了具体的可操作的对策建议,有一定的理论创新和较强的实践意义。

学术研究非一日之功,为学之要贵在勤奋、钻研、有恒。学术积累既需要自身长期的努力,也需要老师和前辈的经验传授,需要研究团队的协作和支持。本书能够顺利出版,要感谢我的工作单位北京市经济与社会发展研究所的大力支持。王景山、王广宏、刘秀如等领导,不仅在平时的工作中给予我指导和鼓励,对我的学习和生活也给予了帮助和关照,在此表示衷心的感谢。感谢我的部门社会研究部,感谢学习和工作中所有给我指导、关心和支持的老师、领导和同事们,也感谢我的家人和朋友。一路走来的点点滴滴,感恩于心。

本书的出版还得到了社会科学文献出版社谢蕊芬老师的大力支持,特此致谢。

限于个人水平和经验的局限,书中难免存在疏漏和诸多不足,恳请广大读者批评指正。

段婷婷

2018 年于北京

目 录

第一章　生活品质的理论研究

第一节　生活品质的概念和内涵

一　生活品质的内涵

（一）生活品质的概念界定

生活品质（Quality of Life）又称生活质量，是一个内涵丰富的综合性的概念，既包括经济和消费水平等方面的物质生活条件，也包括广泛的政治、思想、文化等精神生活条件以及环境条件，在不同的地区和不同发展阶段，生活品质的含义会有所变化。

回顾以往的研究，对生活品质的理解主要有以下三类观点。

1. 生活品质是反映客观生活状况的概念

世界银行认为，生活品质是人们的总福利，包括有形的物质福利和诸如环境、国家安全、个人安全、经济自由等无形的福利。有的学者认为，生活品质是社会成员生活的好坏与优劣程度。罗斯托认为，生活品质是在物质文明极大提高的基础上，提高和满足人们不断提出的文化教育消费和环境生态需求[①]。厉以宁认为，生活品质是反映人们生活和福利状况的一种标志[②]。

2. 生活品质是一种主观的感受

坎贝尔将生活品质定义为"生活幸福的总体感觉"，认为生活

[①] 罗斯托：《从起飞进入持续增长的经济学》，贺力平等译，四川人民出版社，1988。

[②] 厉以宁：《社会主义政治经济学》，商务印书馆，1986，第523页。

质量应反映人们的认知、情感和反馈三个层面，即包括满意度、幸福感和社会积极性三方面[①]。世界卫生组织将生活品质定义为"个人生活的文化价值体系中，在生理健康、心理状态、独立程度、社会关系、个人信念以及环境六大方面，与自己的目标、期望、标准、关心相关的感受程度"。这个定义强调生活品质多层面的概念及个人所处环境中主观感受的重要性。

3. 生活品质是客观状况和主观期望的结合

持这类观点的学者认为，生活品质既包括客观生活的良好状况，也包括对生活的主观感受。加尔布雷斯认为"生活质量是指人们生活的舒适、便利程度，以及精神上所得到的享受或乐趣"[②]。有的学者认为，生活品质是心理、社会、健康、环境、亲密关系与家庭皆达到良好状态[③]。连玉明认为"生活品质是指居民的衣食住行、生老病死、安居乐业"，生活品质是城市价值的核心，应该从生活质量出发，规划城市，建设城市，管理城市，让发展的成果惠及全体人民。

我们认为，生活品质是居民对一个国家或地区发展达到自己期望的满意程度。生活品质既包括客观的经济发展成果、社会公共服务供给等民生福祉，又包含人民需求的满足，是综合反映一个国家或地区人民生活和经济社会发展程度的概念，是衡量社会发展的重要目标。

（二）生活品质的特征

1. 综合性和复杂性

生活品质能综合地反映一个国家或地区的生活状况，包括经济方面的生活水平等经济生活品质，公共服务供给状况，社会群

---

① 林南、卢铁龙：《社会指标与生活质量结构模型探讨》，《中国社会科学》1989 年第 4 期。

② 加尔布雷斯：《富裕社会》，转引自潘祖光《生活质量研究的进展和趋势》，《浙江社会科学》1994 年第 6 期。

③ 吴佳珍、林秋菊：《生活品质的概念分析》，《护理期刊》1997 年第 3 期。

体之间和谐程度、社会公平等社会生活品质，此外还包括环境生活品质、文化生活品质等，具有综合性和复杂性的特征。

2. 动态性和成长性

生活品质的动态性和成长性是指，随着人们需求的变化，生活品质会不断向更新、更高的层次发展。马斯洛认为，人的需求可以分为由低到高的五个层次，即生理的需求、安全的需求、社交的需求、尊重的需求和自我实现的需求。人的需求是由低层向高层不断发展的过程，某一层次的需求相对满足了，就会向更高一层发展。随着居民生活品质的不断提升，满足较低层次的需求之后，需求会逐步升级，居民进而对生活品质提出更高的要求。

二　生活品质的理论发展

（一）重视人的教育和发展

生活品质最早是 1958 年美国经济学家加尔布雷斯在《丰裕社会》中提出的[①]。加尔布雷斯认为，古典经济学立论的条件是物质条件的贫乏，古典经济学的任务是探索如何扩大生产能力。而现在社会发展的物质基础已经发生了变化，进入了丰裕社会，物质生活已不再贫乏，生产的紧迫性已不存在了。在丰裕社会中，技术的进步要求人们提高受教育程度，对"人"的投资需求增加，迫切需要提供更多的公共教育产品；迫切需要改善公共服务和公共环境，以维持消费的社会平衡。在物质文明极大提高的基础上，只有满足人们不断提高的文化教育消费和环境生态需求，才能提高生活质量。

（二）关注社会发展和环境保护

罗斯托认为，生活品质主要包含社会和自然两个方面。社会方面包括教育、卫生保健、交通、生活服务、社会风尚、社会秩序等；自然方面包括居民生活环境的美化和净化。罗斯托认为，

---

① 周长城、蔡静诚：《生活质量主观指标的发展及其研究》，《武汉大学学报》2004 年第 9 期。

提供"丰富居民生活"和"提高生活质量"的服务业的发展将越来越重要，成为主导部门，与医疗、教育、文化娱乐、旅游有关的服务部门将加速发展。此外，提高生活品质必须认真处理和解决环境污染、城市交通拥挤和人口过密等问题，如果这些问题得不到解决就谈不上所谓"生活的质量"①。

（三）注重人的全面发展

二战后的美国经历了一段快速发展时期，然而经济增长所带来的社会矛盾和问题日益突出。传统的单纯追求经济增长的观念已经不合时宜。人们开始意识到，社会发展不仅是一种经济现象，还是经济、科技、社会和人的全面、综合及协调的发展过程。法国学者佩鲁（Francois Perroux）于1983年在《新发展观》一书中进一步指出，经济增长并非发展的最高目标，发展是为了一切人的发展和人的全面发展。提高生活品质是发展的新内涵。对经济发展的最终检验，不是普通的物质方面的指标，而是人的（能力）发展的程度。因此，我们要更加重视社会发展和社会政策，更加重视居民的社会生活。

（四）重视平等和公众参与

阿玛蒂亚·森认为，经济发展并不能自然而然地给全体社会成员带来生活品质的改善，生活品质提高还要推动平等、消除贫困、扩大人的自由和选择的权利、维护生态平衡和实现公众参与决策，而其中扩大人的自由和选择的权利是发展的关键②。

（五）关于生活品质指标的研究

由于传统经济指标在衡量社会发展中的局限性越来越明显，因此在世界范围内兴起了研究生活品质指标的运动，强调经济发展与社会发展的均衡。国内外的学者和机构开展了对生活质量的

---

① 曹新：《生活质量是小康社会的重要内容》，《特区理论与实践》2003年第1期。
② 王培刚、李光勇：《和谐社会视野下的生活质量：社会需求与政策回应》，《社会科学研究》2010年第2期。

分析监测，形成了一些衡量生活质量的指标，比较有影响力的有以下几个指标体系。

1. 欧洲生活质量调查指标

2005 年制定的欧洲生活质量调查指标包括生活标准、邻里质量、公共服务、主观福利、社会资本、健康、人力资本等 7 个方面的 19 个指标。

2. OECD 生活质量指数

为了用更准确的指标诠释和比较不同国家经济与社会的进步状况，对各国居民生活质量的优劣进行评估与比较，OECD 经过十余年的探索与研究，在 2011 年推出了生活质量指数。该指数主要从居民的住房、收入、工作、社区、教育、环境、政府管理、健康、生活满意度、安全、工作生活平衡度等 11 个方面，进行综合生活质量水平评估和比较。

3. 世界卫生组织生活品质指标量表

世界卫生组织的生活品质指标量表以健康为导向，用来测量罹患不同疾病病患的生活品质，此量表共有 74 题，包括心理社会因素、健康因素、环境因素、亲密因素及家庭因素等五大方面。

4. 国家统计局全国小康生活质量量化标准

即 20 世纪 90 年代国家统计局会同原国家计委和农业部共同研究制定出的全国小康生活质量量化标准。这一指标体系包括收入水平、生活环境、消费结构以及反映健康和文化状况的指标，其涵盖面与国外指标体系相比更为全面。

5. 杭州"生活品质评价指标体系"

2007 年杭州提出了"生活品质评价指标体系"，以经济生活品质、文化生活品质、政治生活品质、社会生活品质、环境生活品质"五大生活品质"为基本构架，由 20 个方面和 50 项具体指标组成①。

---

① 见金海水、张凤海"构建以生活品质为导向的评价体系研究"（项目编号：903607）的部分研究成果。

6. 城市生活质量指数

中国经济实验研究院城市生活质量研究中心连续几年发布了30个省会城市和直辖市的城市生活质量指数。城市生活质量指数体系包括主观满意度指数体系和客观社会经济数据指数体系。主观满意度指数体系和客观社会经济数据指数体系都包括生活水平、生活成本、人力资本、社会保障和生活感受（生活便利等）五大指数。

三 研究北京生活品质的必要性

（一）生活品质提升，是北京城市转型发展、高质量发展的要求

按照罗斯托的经济成长理论，人类社会发展分为6个阶段，即传统社会、为"起飞"创造前提阶段、起飞阶段、成熟阶段、高额群众消费阶段、追求生活质量阶段。当前，北京市人均GDP超过1万美元，全市第三产业的主导地位继续巩固和提高，产业结构不断优化和升级，进入服务经济占主体的后工业社会，已经迈入了追求生活质量的发展阶段。在这一发展阶段，推动城市创新和经济发展的最佳战略是吸引各类技术水平较高的人才，包括大量的创意人才和高技能人才，而吸引这些人才，需要通过提供安全的街道、快捷的交通和优质的公共服务，提供文化休闲设施和城市舒适物，提高生活品质才能实现[1]。

（二）生活品质提升，是实现北京发展目标的需要

到2035年，北京要率先实现全面小康，建设国际一流和谐宜居之都。这些目标的实现，离不开居民生活品质的提升。

提升生活品质是实现全面小康的重要内容。全面小康社会要推动基本公共服务均等化，要实现居民受教育程度和创新人才培育水平明显提高，促进人的全面发展，缩小收入分配差距，扩大中等收入群体规模，扶贫对象大幅减少，实现社会保障全民覆盖，推动社会和谐稳定，让发展改革成果惠及全体人民。

---

[1] 爱德华·格莱泽：《城市的胜利》，刘润泉译，上海社会科学院出版社，2012。

提升生活品质是实现和谐的路径。"和谐"是我国社会主义核心价值观的重要组成部分，也是中国传统文化的基本理念。建设国际一流的"和谐"宜居之都，要推动人与"物"的和谐、人与人的和谐、人与自然的和谐。提升生活品质需要促进经济发展成果共享，推动社会财富在群体之间合理的分配，实现公共服务的合理配置，完善社会治理，增强社会创造活力。

提升生活品质是实现"宜居"的前提。根据中国《宜居城市科学评价标准》，宜居城市的主要内容包括：社会文明、经济富裕、环境优美、资源承载、生活便宜、公共安全等六个方面。若要成为国际一流的和谐宜居之都、超大城市可持续发展的典范，应该具有良好的居住和空间环境、人文社会环境、生态与自然环境和清洁高效的生产环境，需要大力发展教育、公共卫生和医疗、社会保障等社会公共服务，提高居民生活的便宜程度，促进文化体育等公共服务发展，营造良好的城市人文氛围，这些都是提高生活品质的应有之义。

（三）生活品质提升是践行"坚持以人民为中心"发展理念，提高人民获得感的需要

坚持以人民为中心，是习近平新时代中国特色社会主义思想的重要内容，也是新时代坚持和发展中国特色社会主义的基本方略。党的十九大报告指出"新时代中国特色社会主义思想，必须坚持以人民为中心的发展思想"，"使人民获得感、幸福感、安全感更加充实、更有保障、更可持续"。坚持以人民为中心的发展理念，就要从人民群众关心的事情做起，从让人民群众满意的事情做起，实施利民惠民政策，改善人民群众在教育、就业、收入、社会保障、医疗卫生、文化娱乐等方面的状况，不断创造美好生活，提升人民生活品质。

从北京市居民的生活满意度和居民获得感来看，出现了获得感"钝化"[①]，人民生活满意度低于客观指标的情况。数据表明，

---

① 黄艳敏、张文娟、赵娟霞：《实际获得、公平认知与居民获得感》，《现代经济探讨》2017 年第 1 期。

2012～2017年，虽然北京市生活质量客观指标连续6年全国排名第一，但生活质量主观满意度排名靠后，北京居民生活质量主观感受低于客观指标①。从居民的纵向获得感来看，有三成左右的居民认为自身经济社会地位比三年前有所提高，54.2%的居民认为自身目前的经济社会地位与三年前差不多，10.2%的居民认为自己目前的经济社会地位比三年前有所下降。从横向比较来看，有27.1%的居民认为自己的经济社会地位低于同龄人，68.9%的居民认为自己的经济社会地位和同龄人差不多，只有3.9%的居民认为自己的经济社会地位高于同龄人②。

四 北京市生活品质的研究重点

(一) 研究方法

如前文所述，生活品质既包含客观的方面，也包括主观的因素，对北京而言，由于主观满意度和获得感相对较低，因此，未来不仅要推动生活品质的实际改善，还要努力提高居民主观生活品质感受。为了分析主观生活品质的影响因素，笔者利用社会调查数据进行了描述性分析和顺序逻辑斯蒂回归。

(二) 数据与变量

笔者使用的数据来自2013年中国综合社会调查（CGSS）。该调查是我国最早的全国性、综合性、连续性学术调查。CGSS系统、全面地收集社会、社区、家庭、个人多个层次的数据，总结社会变迁的趋势，探讨具有重大科学意义和现实意义的议题。

自变量选取"受教育程度"、"收入"、"户口"、"公共服务满意度"、"社会经济地位比较"、"社会公平感知"。其中"社会经济地位比较"是三分类定序变量，分为高于同龄人、与同龄人类

---

① 根据《京华时报》2013年6月23日的报道，城市生活质量满意度北京全国排名第24位，见张连城、张平、杨春学《中国城市生活质量报告（2017）》，社会科学文献出版社，2017。
② 数据来源：2013年中国综合社会调查（CGSS），用stata软件统计分析所得。

似、低于同龄人三类。"公共服务满意度"是定距变量，通过对公共教育满意度、医疗卫生满意度、住房保障满意度、社会管理满意度、劳动就业满度、社会保障、救助满意度和养老服务满意度、公共文化和体育满意度、城乡基础设施满意度九项满意度得分的加总平均获得。"社会公平感知"是定距变量，通过询问居民"您认为当今的社会公不公平"获得，分为"完全不公平"、"比较不公平"、"说不上公平不公平"、"比较公平"和"完全公平"五项，分别赋予 1 ~ 5 分。因变量选取居民对自身生活和普通人生活的比较，该变量是三分类定序变量。1 为生活状况低于普通人的生活，2 为生活状况与普通人生活类似，3 为生活状况高于普通人的生活。

表 1 - 1　居民生活品质评价定序回归模型

	（1）	（2）	（3）	（4）
受教育程度（以初等教育程度为参照）				
中等教育程度	1.3717*** (0.0994)	1.4014** (0.1458)	1.2909* (0.1403)	1.3055* (0.1421)
高等教育程度	1.9499*** (0.1821)	1.9893*** (0.2675)	1.5636** (0.2179)	1.5608** (0.2177)
收入对数	1.0523*** (0.0118)	1.0676*** (0.0170)	1.0392* (0.0171)	1.0418* (0.0173)
城市户口	1.4471*** (0.0901)	1.6108*** (0.1448)	1.6733*** (0.1569)	1.7118*** (0.1614)
公共服务满意度		1.0208*** (0.0026)	1.0140*** (0.0027)	1.0126*** (0.0028)
社会经济地位比较（以社会经济地位高于同龄人为参照）				
社会经济地位与同龄人类似			0.1425*** (0.0248)	0.1414*** (0.0247)
社会经济地位低于同龄人			0.0340*** (0.0063)	0.0349*** (0.0065)

	(1)	(2)	(3)	(4)
社会公平感知				1. 1261 ** (0. 0408)
N	9705	4856	4656	4651
pseudo R^2	0. 036	0. 052	0. 137	0. 139
LL	- 6048. 176	- 2971. 234	- 2621. 782	- 2610. 133

注：报告的是发生比；括号中是标准误。

$* p < 0.05$, $** p < 0.01$, $*** p < 0.001$。

研究结果表明，在控制了年龄、性别和工作状态等变量后，受教育程度、收入、户口、社会公平感知、公共服务满意度和社会经济地位比较等因素对提升居民的生活品质评价具有显著的作用。教育程度越高、收入越高的居民更可能对生活品质给出较高评价；相对于农村户口居民，城市户口居民更可能对生活品质给出较高的评价；认为当今社会越公平的居民对生活品质评价越高；对公共服务越满意的居民越可能对生活品质给出较高的评价；认为自己社会经济地位高于同龄人的居民更可能对生活品质给出较高的评价。

鉴于此，未来北京市生活品质提升的重点在于进一步增强公共服务有效供给，提高服务质量；继续提高居民受教育水平；通过提升社会治理能力，努力增进社会公平，提高居民的社会公平感、获得感和满意度。

第二节　北京市居民生活品质的现状和战略思考

一　北京市居民生活品质状况

（一）经济发展质量和人民生活水平稳步提升

1. 经济发展平稳向好

2017 年北京市地区生产总值达到 2. 8 万亿元。人均 GDP 稳

步增长，2017 年达到 12.9 万元，比 2011 年增长了 54.4%。一
般公共预算收入年均增长 10.4%，达到 5430.8 亿元，第三产业
比重达到 80.6%；万元地区生产总值能耗、水耗和二氧化碳排
放量分别累计下降 22.5%、22% 和 28.2%，能源利用效率位居
全国首位[①]。

2. 劳动者报酬持续提升

伴随经济增长，北京市居民劳动者报酬持续提升，占 GDP 的
比重有所提高。劳动者报酬从 2006 年的 3657.3 亿元，增长到
2016 年的 13483.7 亿元，增长了 2.69 倍（见图 1 - 1）。劳动者报
酬占 GDP 的比重由 44% 提高到 52.5%。

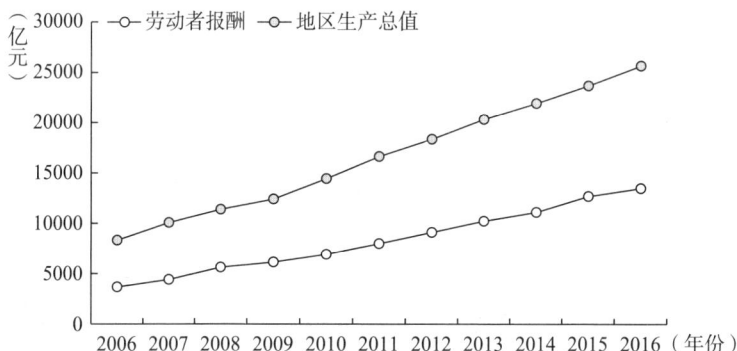

图 1 - 1　2006～2016 年北京市劳动者报酬和地区生产总值

3. 消费升级步伐加快

2017 年北京市居民人均消费支出为 37425 元，比上年增长
5.7%。全年实现市场总消费额 23789 亿元，比上年增长 8.5%。
其中，服务性消费额 12213.6 亿元，占消费市场总额的 51.3%。
恩格尔系数持续下降，北京市城镇居民恩格尔系数由 2006 年的
30.8% 下降到 2016 年的 21.2%；农村居民恩格尔系数由 2006 年的
32% 降低到 2016 年的 26.1%（见图 1 - 2）。

---

① 　陈吉宁：《北京市政府工作报告》，2018 年 1 月 24 日。

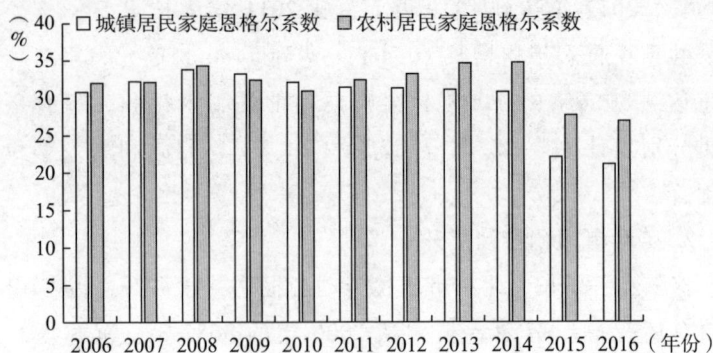

图1－2　2006～2016年北京市城镇和农村居民家庭恩格尔系数

（二）社会公共服务供给能力持续增强

1. 社会公共服务财政支出逐年增长

地方财政的公共服务支出是提升居民生活品质和获得感的有效政策手段，尤其是在公共教育、医疗卫生、住房保障以及社区事务等方面的财政投入，对于提升当地居民的获得感具有显著影响。

2006～2016年，北京市教育、科技、文化体育、医疗卫生、社会保障和就业五项社会公共服务支出额逐年增长，由2006年的570.03亿元增长到2016年的2485.67亿元，增长了3.36倍；社会公共服务五项支出占一般公共预算支出的比例保持在40%以上，2016年支出比例略有下降（见图1－3）。

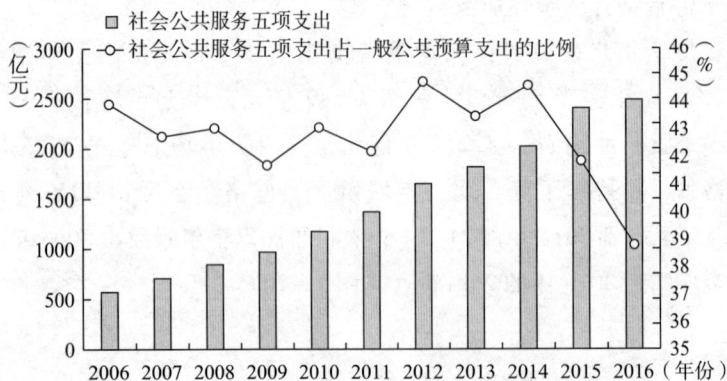

图1－3　2006～2016年北京市社会公共服务支出情况

2. 社会公共服务供给能力和质量显著提升

大力发展学前教育，新建、改扩建一批公办幼儿园，扶持发展普惠性民办幼儿园，实施两期学前教育三年行动计划，累计增加学位 17 万个。鼓励集团化办学、学区制改革，义务教育入学机会更加公平。推动医联体建设，优质医疗资源有序向郊区转移，医疗服务体系进一步完善。推动医疗便民措施，群众就医更加方便，城乡居民健康水平和医疗卫生水平持续提升。建设完善以居家养老为基础的"三边四级"养老服务体系，建成 208 个街道（乡镇）养老照料中心、380 家社区养老服务驿站。完善社区便民服务，提高生活性服务业品质。自 2010 年起，连续 8 年将"一刻钟社区服务圈"建设列为市政府为民办实事项目，着力解决社区群众"最后一公里"的服务需求，"一刻钟社区服务圈"① 城市社区覆盖率达到 87.5%。社会保障能力不断增强。保障性住房的建设推进力度逐步加大，保障性住房的投资占房地产开发投资的比重、保障房新开工面积占新建商品房开工面积的比重都有所提高。针对低收入农户增收实施的精准帮扶取得明显的成效②。

（三）环境生活品质有所改善

空气质量有所改善。2017 年细颗粒物年均浓度为 58 微克/立方米，同比下降 20.5%。持续实施缓解交通拥堵专项行动计划，新增轨道交通 166 公里、总里程达到 608 公里，公交专用道总里程达到 907 公里，完成城六区次支路建设 114 条、堵点乱点治理 240 个，规范发展共享单车，中心城绿色出行比例达到 72%。

2017 年北京市万元地区生产总值水耗由 2006 年的 43.58 立方米下降到 14.1 立方米。全市污水处理率由 2006 年的 73.2% 提高

---

① "一刻钟社区服务圈"是指社区居民从居住地出发，在步行 15 分钟可以到达的范围内，能够享受到方便、快捷、舒适的社区服务，主要包括由政府提供的基本公共服务、社会力量和居民个人提供的志愿互助服务、市场机制提供的便民利民服务以及特色服务等。

② 数据来源：《北京市统计年鉴 2007》、《2018 年北京市政府工作报告》。

到 2017 年的 92%。完成 57 条段黑臭水体治理任务。城市生态空间大幅度增加，超额完成平原百万亩造林任务，新增城市绿地 4000 公顷，全市森林覆盖率由 2006 年的 34.3% 提高到 43%①。

（四）社会治理能力不断提升

加强枢纽型社会组织建设，推动社会组织参与社会治理。基本实现社会服务管理网格全覆盖。大力推动疏解整治促提升专项行动，把腾退的空间更多用于提升城市功能、"留白增绿"、增加便民服务设施。在整治提升过程中，不断推动政策创新、社会共治。落实街巷长制，建立自治共建理事会。建立"街乡吹哨、部门报到"机制，推进基层治理运行模式创新。

二 北京市提升居民生活品质的难点和挑战

（一）人口结构老龄化，家庭小型化，养老问题突出

近年来，北京市人口老龄化进程加快。2010～2016 年，65 岁以上老人由 170.9 万人增长到 230.4 万人，占常住人口比重由 8.7% 提高到 10.5%。老龄人口抚养比②由 2011 年的 10.9% 提高到 2016 年的 13.4%。

从家庭规模来看，北京市的常住人口家庭中扩展家庭和主干家庭减少，核心家庭比重增大，出现家庭规模小型化的趋势。从 2006 年到 2016 年，北京市平均每户人口由 2.9 人减少到 2.6 人；三代人同住的情况有所减少，多为两人户或三人户。1～3 人小规模家庭户数占全部家庭户数的 79.2%③。人口结构、家庭结构的变化，给北京市养老服务提出了新的要求。此外，随着社会的发展

① 数据来源：《北京市统计年鉴 2007》、《北京市统计年鉴 2017》、《2017 年北京市政府工作报告》。
② 老龄人口抚养比是指人口中非劳动年龄人口数中老年部分与劳动年龄人口数之比，用以表明每 100 名劳动年龄人口要负担多少名老年人。老龄人口抚养比是从经济角度反映人口老化社会后果的指标之一，也称为老龄人口抚养系数。
③ 数据来源：国家统计局北京调查总队统计。

进步，老年人的需求也由生活照料扩展到精神关怀、文化娱乐、社会交往等诸多方面，养老服务的质量和水平也需要相应的提高。人口老龄化，劳动年龄人口比重降低，可能影响未来的劳动力供给，影响经济发展和劳动生产率的提高，造成社会保障的巨大压力。

（二）收入差距较大，容易产生不和谐因素

城乡之间、不同群体之间在收入方面的差距仍然较大。虽然近年来农村居民可支配收入的增速超过了城镇居民，但城乡居民差距仍然较大。2016 年北京市城乡居民可支配收入相差 3.49 万元，城镇居民人均可支配收入是农村居民的 2.57 倍。

随着产业结构转型升级，行业之间收入差距突出。2016 年，在岗平均工资最高的金融业平均工资为 28.9 万元，是农林牧渔业在岗平均工资的 6.5 倍，是制造业在岗平均工资的 3 倍，是居民服务业在岗平均工资的 5.46 倍。金融业与制造业工资绝对差距由 8.3 万元扩大到 19.2 万元。

（三）优质资源配置不均衡，影响居民生活品质

随着居民对公共服务资源的需求不断提升，一些服务"有"的问题尚未完全解决，义务教育、医疗服务等"好"和"近"的需求也十分迫切。虽然近年来北京市着力优化公共服务资源配置，但是优质的教育、医疗等公共服务资源的均衡不可能在短期内实现。资源配置在区域之间，甚至社区之间差距较大，出现了"学区房"火爆的现象，带动了"医院日租公寓"、"挂号黄牛"等相关产业。优质资源配置不均，加大了居民获得资源的成本，影响了居民的生活品质和满意度。

（四）面临严峻的人口资源环境压力，缓解大城市病、提高生活品质刻不容缓

1. 人口、功能过于集中，大城市病凸显

由于过去集聚资源求增长的发展方式和首都的特殊地位，人才、资金和技术等要素资源向北京快速集聚。截至 2016 年底，北京市年

末全市常住人口为 2170.7 万人，比上年末减少 2.2 万人。其中，城六区常住人口为 1247.5 万人，占北京市人口总数的 57.4%。中心城人口密度过大，导致了交通拥堵、房价和生活成本过高等一系列经济社会问题。2016 年末，北京市机动车保有量达到 571.8 万辆，工作日早晚高峰路网平均时速仅为 22.28 公里/小时，人均通勤时间居全国首位。

2. 资源环境矛盾仍然较为突出

北京市人均可用水资源量仅 150 立方米左右，远低于国际公认的人均 1000 立方米的缺水警戒线。地下水严重超采，形成中国最大的漏斗区。水环境质量仍需下大力度改善。

虽然近年来北京市污染减排力度持续加大，空气质量有所改善，但 PM2.5 重污染发生频次多、持续时间长，PM10、氮氧化物、臭氧等仍然超出标准，是全国空气质量较差的地区之一。

三　提升北京市居民生活品质的战略思考

（一）转换发展方式，提升城市发展质量

应推动首都发展从规模速度型、聚集资源型的粗放增长模式转向质量效率型、内涵发展型的减量集约模式；疏解非首都功能，推动京津冀协同发展；实施创新驱动发展战略，构建高精尖经济结构；坚持以人民为中心，让城市发展与人民生活品质同步提升；响应民生诉求，着力满足北京市民日益增长的对美好生活的需要。

（二）合理调节收入分配，提高居民可支配收入

一是积极促进充分就业，从源头上提高居民生活质量。二是逐步提高劳动报酬在初次分配中的比重，让发展成果更多地惠及人民。三是着力提高低收入者收入，根据经济增长和物价水平逐年提高最低工资标准，完善企业职工工资正常增长机制。四是创造条件保护并提高群众的财产性收入。五是完善征税体系，进一步提高个人所得税起征点。六是进一步规范市场秩序，抑制垄断性经营收入和非法收入。

（三）完善社会公共服务体系，促进发展成果共享

应按照党的十九大关于着力提升民生保障能力的要求，努力实现"民生七有"，满足人民过上美好生活的期待。统筹考虑人口、空间布局和市民需求，建设面向基层、布局合理、功能完善、层次分明的社会公共服务设施配置格局。努力促进设施布局与新的城市总体规划相结合、与疏解非首都功能相结合、与京津冀协同发展相结合、与人口变动和产业布局调整相结合。严格控制中心城区的教育、医疗、文化、体育等大型设施的规模扩张。加大政府投入对大型社会公共服务设施疏散的引导。高水平建设北京城市副中心公共服务体系。

优先发展教育事业，推动"学有所教"和"幼有所育"。大力发展学前教育，鼓励社会力量兴办幼儿园，发展幼师队伍；加强中小学优质资源建设，并引导中心城区优质教育向郊区布局，促进基础教育均等化。

实施积极的就业政策，抓好收入分配，努力实现"劳有所得"。健全精准就业服务体系，完善面向困难群众的就业援助制度。着力推动重点人群增收和低收入群体增收工作，构建更为公平的分配格局。

完善覆盖城乡居民的健康服务体系，努力推动"病有所医"。优化医疗卫生资源配置，严格控制城六区医疗机构床位规模，有序推动医疗资源疏解；加强生态涵养区及新城医疗服务体系建设，积极推动本市不同区域医疗卫生服务均衡发展。加强基层医疗卫生服务能力建设，加大紧密型医联体建设力度。

健全住房保障体系，解决群众居住难题。继续做好房地产市场调控，加大住房用地供给，发展和规范住房租赁市场，利用农村集体建设用地提供更多面向用工单位的租赁房屋。

大力完善养老服务，推动"老有所养"。构建"以居家为基础、社区为依托、机构为补充、医养相结合"的养老服务体系，引入专业化力量办好社区养老驿站和养老照料中心，加强养老专

业人才培养，提高养老服务机构专业运营能力。

加大对低收入户和特困家庭的扶助力度，做到"弱有所扶"。提高对低收入户、残疾人等困难群体的服务保障水平，做好对口支援地区扶贫帮扶工作。

提升城市文化生活品质，加强文化中心城市建设。强化"首都风范、古都风韵、时代风貌"的城市特色，加强历史文化保护。继续实施文化惠民工程。支持实体书店、书屋发展，开展全民阅读活动。支持各类文艺院团做强做优。加强优秀近现代建筑和老旧厂房的保护利用，完善高品位休闲文化娱乐设施建设。统筹谋划南城和北城、副中心与特色产业的集聚区的文化基础设施建设。加强对文化娱乐、体育健身等城市休闲娱乐产业的政策支持，形成与首都功能相匹配的文化休闲娱乐环境。

（四）完善社会治理体系，推动共治、精治、法治

建设完善"党委领导、政府负责、社会协同、法制保障"的适应北京发展特点的超大社会治理体系。提高社会治理中居民社会参与度，实现共治、精治、法治。提升疏解整治效果，推广民意立项、协商议事等社会治理机制的创新。落实街巷长制，推动城市精细化治理。在疏解腾退空间利用、整治提升规划等方面积极推动居民参与。强化法治思维，营造良好法治环境。

第二章　生活品质的物质基础

第一节　北京市居民收入和消费研究

一　北京市居民收入和消费现状

（一）城乡居民收入稳步增长

2006～2016 年，北京市城镇居民人均可支配收入由 19978 元增长到 57275 元，增长了 1.87 倍（见图 2-1）。农村居民人均可支配收入由 8620 元增长到 22310 元，增长了 1.59 倍（见图 2-2）。

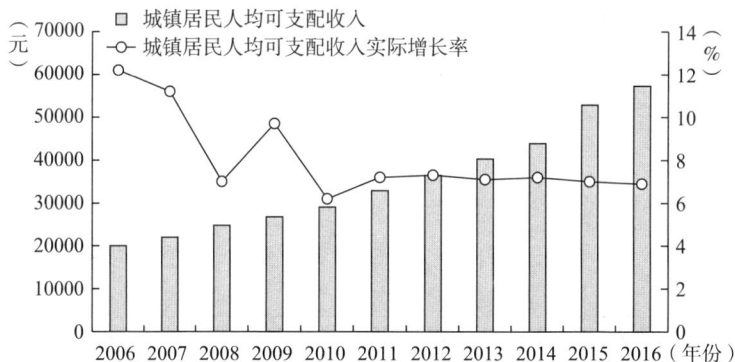

图 2-1　2006～2016 年北京市城镇居民人均可支配收入及增长情况

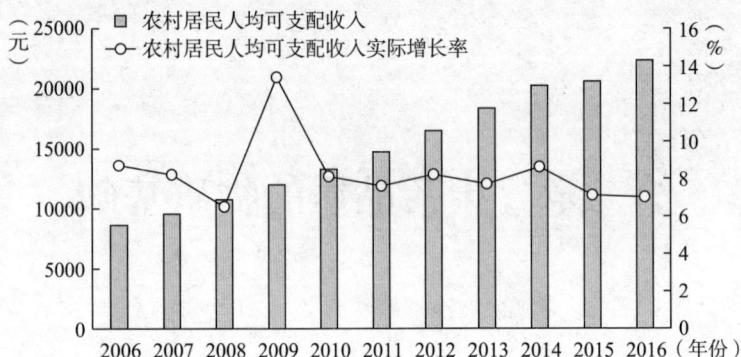

图 2 - 2　2006～2016 年北京市农村居民人均可支配收入及增长情况

（二）居民消费持续升级

2006～2016 年北京市居民消费持续增长。2006～2016 年北京市农村居民人均消费支出由 0.6 万元增长到 1.73 万元，增长了 1.88 倍；城镇居民人均消费支出由 1.48 万元增长到 3.83 万元，增长了 1.59 倍（见图 2 - 3）。恩格尔系数持续下降，北京市城镇居民恩格尔系数由 2006 年的 30.8% 下降到 21.2%；农村居民恩格尔系数由 32% 下降到 26.1%。

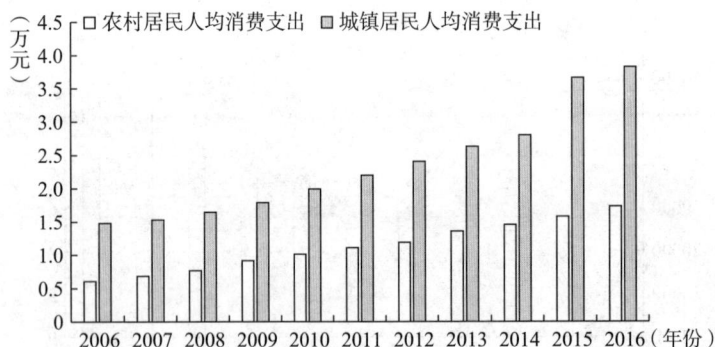

图 2 - 3　2006～2016 年北京市城镇和农村居民人均消费支出

（三）服务性消费规模不断扩大，增速持续快于商品性消费，在消费中的占比逐年提高

国际经验表明，当一个国家或地区可比价格人均 GDP 处于

5000 美元至 10000 美元时，居民消费类型、消费结构将会发生重大变革，服务消费增长速度明显快于耐用消费品和非耐用消费品增长速度，通信、娱乐服务等消费增速显著提升。2016 年北京市服务性消费额达 8921.1 亿元，增长 10.1%，是 2010 年的 1.8 倍；占全市消费市场总规模的比重为 44.8%，2016 年服务性消费对全市总消费额增长的贡献率为 55.1%。2016 年，全市实现市场消费总额 1.99 万亿元，同比增长 7.1%。其中，社会消费品零售总额达到 11005.1 亿元，同比增长 6.5%。

二　存在的问题

（一）城乡居民收入差距仍然较大

从城乡收入差距的绝对值来看，2006～2016 年城镇居民人均可支配收入和农村居民人均可支配收入的绝对差距由 11358 元扩大到 34965 元，城乡居民人均可支配收入差由 1.32 倍扩大到 1.57 倍（见图 2-4）。

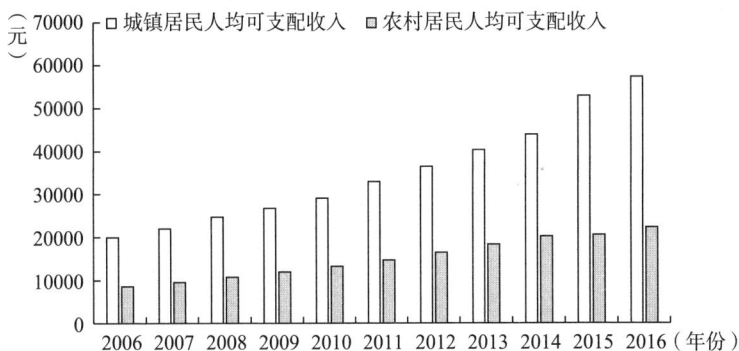

图 2-4　2006～2016 年北京市城镇和农村居民人均可支配收入对比

从收入增长速度来看，城乡居民收入曲线呈现"波段性交织"的特征。2006～2008 年，城镇居民人均可支配收入实际增长率高于农村居民；2009～2016 年，农村居民人均可支配收入实际增长率超过城市居民（见图 2-5）。

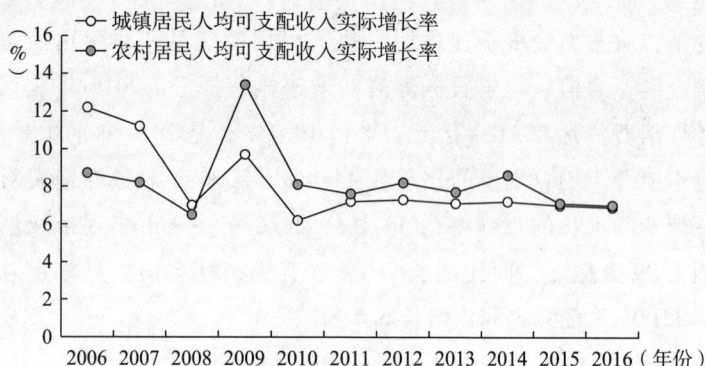

图 2-5 2006~2016 年北京市城镇居民和农村居民人均
可支配收入增长率对比

（二）消费支出和消费倾向距上海市和发达国家还有一定的
差距

与上海市相比，北京市居民的消费性支出偏低。2010~2014
年，北京市城镇居民消费性支出曲线一直低于上海市城镇居民
（见图 2-6）。其中，2014 年北京市城镇居民消费性支出比上海市
城镇居民低 8.96%。

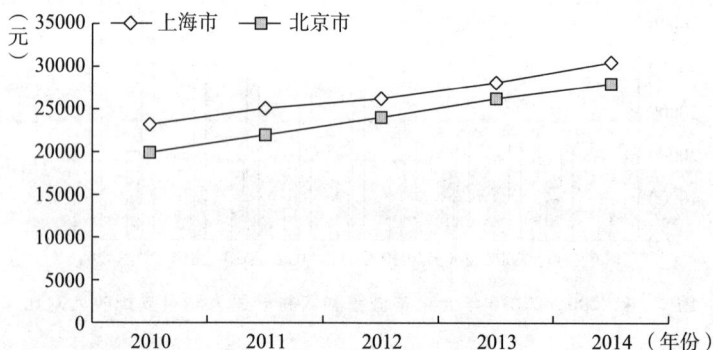

图 2-6 2010~2014 年北京市和上海市城镇居民消费性支出比较

从平均消费倾向来看，2014 年，北京市城镇居民平均消费倾
向略低于上海市（见图 2-7）。虽然随着收入的提高，居民消费倾
向可能降低，但在北京市城镇居民收入低于上海市的情况下，他

们的消费倾向也低于上海市，说明北京市城镇居民消费意愿有待加强。

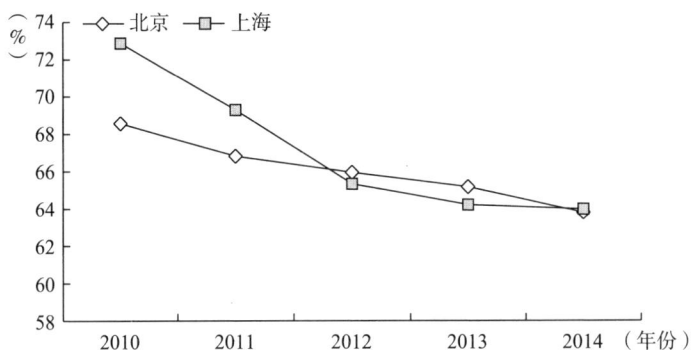

图 2 – 7 2010～2014 年北京市和上海市城镇居民平均消费倾向比较

从服务性消费比例来看，北京市城镇居民服务消费与上海市、英美等发达国家相比还存在一定的差距。2014 年，北京市城镇居民服务消费占消费总额的比重为 44.9%，而目前上海市城镇居民服务消费占消费总额的比重已达到 60% 左右，基本接近美英等发达国家的平均水平，美国在 1978 年服务消费占消费总额的比重就已经达到 55%。

（三）中等收入群体消费需要提升

根据经济学的一般规律，高收入者的消费效应是递减的，低收入者消费能力有限，只有中等收入群体的不断壮大才能使居民消费成为促进社会经济持续、稳步增长的主要动力源。

从北京市居民的消费情况来看，中等收入户和中低收入户的平均消费倾向高于中高收入户和高收入户。2014 年，北京市中等收入户的平均消费倾向为 66.4%，高于中高收入户（62.0%）和高收入户（58.4%）（见图 2 – 8）。

从与上海市的对比分析来看，北京的中等收入户的平均消费倾向要低于上海。2014 年北京市中等收入户和中高收入户平均消费倾向分别比上海低 2.2 个百分点和 6.9 个百分点。同

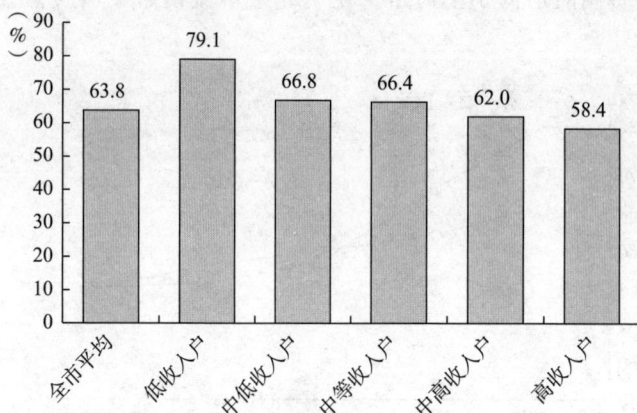

图 2-8 北京市不同收入户平均消费倾向

时，北京市低收入户、中低收入户及高收入户的平均消费倾向分别比上海高 3.8 个百分点、5.6 个百分点和 1.2 个百分点（见图 2-9）。

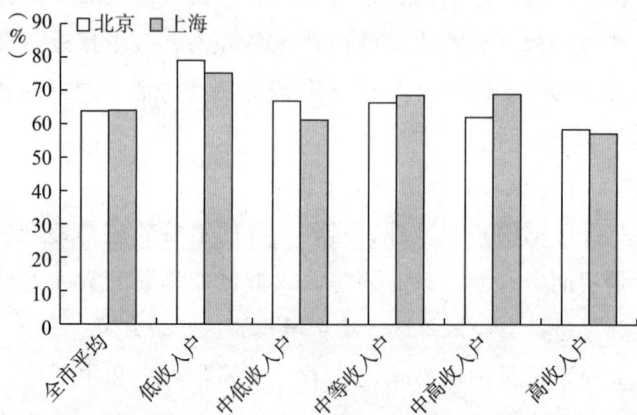

图 2-9 2014 年北京、上海城镇居民平均消费倾向

中等收入群体服务性消费有待提高。2010～2014 年，北京市中等收入户服务性消费支出比重低于中高收入户和高收入户，也低于全市平均水平（见图 2-10）。

从消费支出的类型看，2014 年中等收入户教育文化娱乐和交

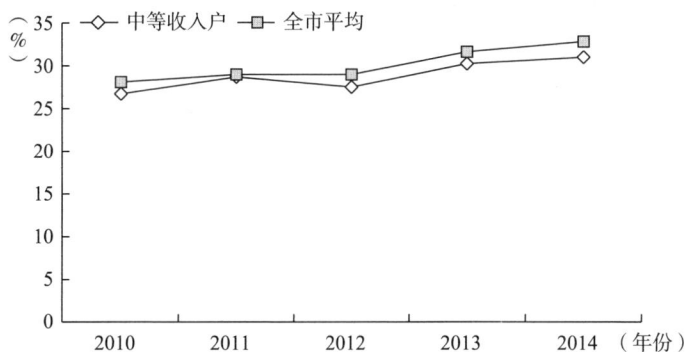

**图 2 – 10　2010～2014 年北京市中等收入户及
全市平均服务性消费支出比重**

通通信消费支出比重需要进一步提高。2010～2013 年，中等收入户教育文化娱乐消费支出比例和交通通信消费支出比例一直低于全市平均水平。2014 年，中等收入户教育文化娱乐消费支出占消费性支出的 14.9%，交通通信消费支出占消费性支出的 17.2%，略高于全市平均水平（见图 2 – 11、图 2 – 12）。中高收入户教育文化娱乐消费占消费性支出的 16.7%。

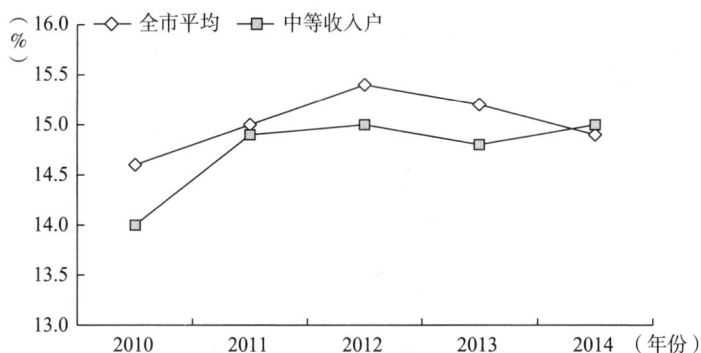

**图 2 – 11　2010～2014 年北京市中等收入户及全市
平均教育文化娱乐消费支出比重**

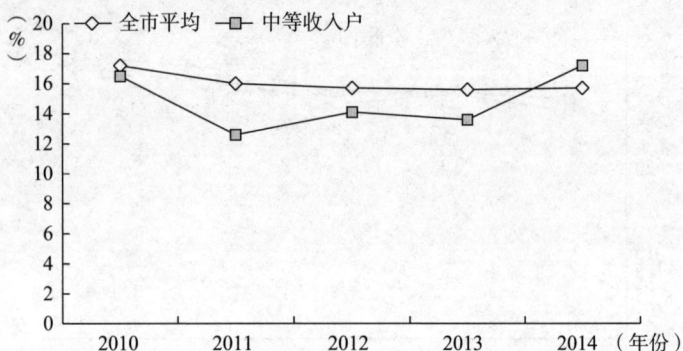

图 2 – 12   2010 ~ 2014 年北京市中等收入户及全市
平均交通通信消费支出比重

三　对策建议

缩小收入差距，促进分配公平。进一步深化分配制度改革，利用税收杠杆建立和完善多层次的税收体系，保护低收入的城镇居民，限制过高收入，着力扩大中等收入群体规模。

加强对农村低收入户等弱势群体的精准帮扶。通过扶持农村产业发展、加强就业创业培训、提升劳动技能、完善社会保障等方式，提升农村低收入户自我发展的能力。

完善社会保障体系，提升居民安全感和消费信心。消费依赖于居民对未来的预期和信心。要健全养老、医疗、生育、失业、工伤等社会保障体系，进一步织密织牢社会保障的"安全网"，解决居民的后顾之忧，让社保政策惠及更多居民，增强居民的安全感和消费信心，提高居民的消费倾向。

第二节　北京市生活性服务业
品质化发展研究

生活性服务业直接关乎人民群众的衣食住行，是服务经济的重要组成部分。随着经济社会的发展，人民群众对生活性服务的需要日益增长，对服务品质的要求不断提高，与此同时，生活性服务业新兴业态大量涌现，市场活力不断增强，极大地方便和丰富了人民生活，在经济社会中发挥越来越重要的作用。

大力发展生活性服务业，有利于经济发展方式转变和优化提升首都生活品质，是适应新常态、助力供给侧结构性改革的重要举措。2015年，国务院办公厅出台了《关于加快发展生活性服务业促进消费结构升级的指导意见》，提出了生活性服务业的总体要求和主要任务。北京市随后发布了《提高生活性服务业品质行动计划》。2016年，北京市在《关于推进供给侧结构性改革加快建设国际一流的和谐宜居之都实施方案》中提出"加快提升生活性服务业品质，着力形成服务经济发展新优势"。

近年来，北京市生活服务业快速发展，在便利化、连锁化等方面取得了一定的进展，但是生活服务业有效供给不足的问题依然突出，需要进一步扩大供给、优化结构、提升品质，满足、释放、引领居民消费需求。

一 北京市生活性服务业发展的基本情况

（一）生活性服务业发展规模不断扩大

从行业规模来看，生活性服务业重点领域的资产规模不断扩大。2010~2016年，批发零售业规模以上单位资产总额由20856.6亿元增加到39732.7亿元，增长了90.50%；住宿餐饮业资产总额增长了43.76%；居民服务、修理和其他服务业资产总额增长了41.94%；卫生和社会工作资产总额增长了70.01%；教育业资产总额增长了2倍左右；文化、体育和娱乐业的资产总额增长了4倍以上。

从供给主体来看，生活服务业规模以上法人单位数量有所增加。2010~2016年，几大重点领域规模以上法人单位数量合计减

少了 20.83%。其中，卫生和社会工作法人单位数量增长了
13.32%；居民服务、修理和其他服务业法人单位数量增长了
2.88%；文化、体育和娱乐业法人单位数量增长了10.06%；旅行
社法人单位数量增长了41.89%（见表2-1）。在法人单位数量总
量增长的同时，部分行业规模以上单位数量有所减少。由于产业
结构调整和疏解非首都功能，批发零售、住宿餐饮业法人单位数
量有所减少；教育法人单位数量也略有减少。

表 2-1   2010 年、2016 年北京市生活性服务业重点领域
规模以上法人单位数

单位：个，%

行业	2010 年	2016 年	增长
批发零售	8935	6010	-32.73
住宿餐饮	3377	2281	-32.45
居民服务、修理和其他服务	417	429	2.88
教育	1550	1500	-3.23
卫生和社会工作	638	723	13.32
文化、体育和娱乐	1143	1258	10.06
旅行社	819	1162	41.89
合计	16879	13363	-20.83

数据来源：《北京市统计年鉴》。

从业人员数量逐步上升。2010~2016 年，北京市生活性服务
业重点领域从业人员平均人数合计增长了 14.6%，其中，批发零
售业规模以上单位从业人员从 60.1 万人增长到 70.4 万人，增长了
17.1%；居民服务、修理和其他服务业从业人员由 6 万人增长到
9.4 万人，增长了 56.7%；教育业从业人员由 35.3 万人增长到
40.3 万人，增长了 14.2%；卫生和社会工作从业人员增长了
38.3%；文化、体育和娱乐业从业人员增长了 14.5%；住宿餐饮
业从业人员减少了 4.2 万人（见图 2-13）。

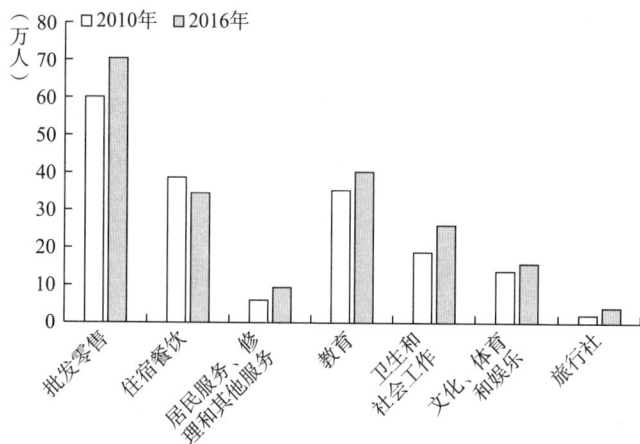

图 2 - 13 2010 ~ 2016 年北京市生活服务业重点领域从业人员数量变化

数据来源:《北京市统计年鉴》。

(二) 生活性服务业供给方式逐步优化

近年来,北京市生活性服务业产业结构逐步升级,供给方式向连锁化、规模化、网络化、便利化发展,更加适应居民不断升级的消费需求。

一是服务企业向连锁化、规模化发展。

2016 年,北京市规模以上连锁企业达到 245 家,比 2010 年增长了 4.7%;连锁门店达到 12604 个,比 2010 年增长了 35.5%(见图 2 - 14);营业面积从 2010 年的 727 万平方米扩大到 1152.2 万

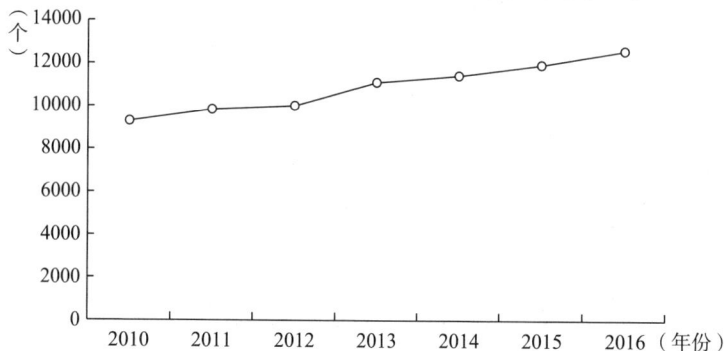

图 2 - 14 2010 ~ 2016 年北京市规模以上连锁企业连锁门店数量变化

数据来源:《北京市统计年鉴》。

平方米，增长了 58.5%（见图 2 - 15）；从业人员增长了 32.9%；商品销售总额达到 3237.5 亿元，比 2010 年增加了 51.8%，实现了内涵式发展。国美电器有限公司、物美商业集团股份有限公司、王府井集团股份有限公司等 15 家本市企业进入 "2016 年中国连锁百强"①。

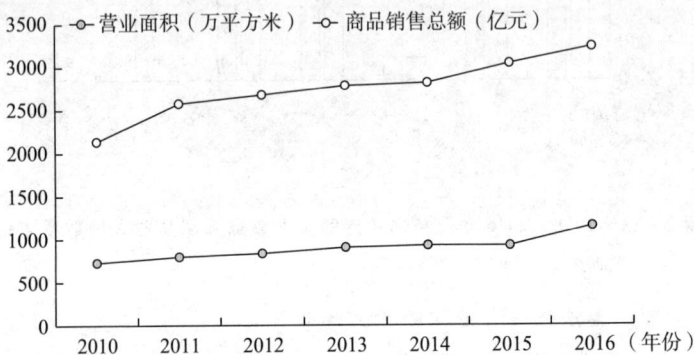

图 2 - 15　2010 ~ 2016 年北京市连锁企业营业面积和商品销售总额变化

数据来源：《北京市统计年鉴》。

二是网上服务发展迅速，"线上线下" 融合发展。

互联网、大数据和云计算等新技术进一步推动了首都生活服务便利化发展。传统商业和互联网融合发展，北京王府井百货、金源新燕莎 MALL、菜市口百货等打造 "线上线下" 全渠道销售体系；家政服务、洗染等生活性服务企业发展 O2O 模式，业务由线下发展到线上。跨境电子商务加快发展，O2O 直购体验店和以跨境电商平台、物流服务、金融服务为特色的外贸综合服务平台逐步建立。2016 年，北京市社会消费品零售额为 11005.1 亿元，同比增长 6.5%；其中网上零售额为 2371.4 亿元，同比增长 10.9%，增长势头强劲。2016 年，全市实现总消费 2 万亿元，比上年增长 8.1%。其中，实现服务性消费 8921.1 亿元，同比增长 10.1%；实现社会消费品零售总额 11005.1 亿元，同比增长 6.5%。网上销

---

①　资料来源：北京市商务委。

售是零售额增长的主要带动力，限额以上批发零售业企业实现网上零售额 2049 亿元，同比增长 20%，占社会消费品零售总额的比重达到 18.6%，拉动全市零售额增长 3.3 个百分点。

（三）经济、社会效益双增长，供给效果有所提升

1. 社会消费品零售额和生活服务业增加值逐步上升

2010～2016 年，北京市社会消费品零售额由 6340.3 亿元增长到 11005 亿元，增长了 73.6%。生活服务业重点行业增加值有所提升，其中，批发零售业增加值从 1888.5 亿元增长到 2352.9 亿元，增长了 24.6%；住宿餐饮业增加值由 317.3 亿元增长到 411.8 亿元，增长了 29.8%；居民服务、修理和其他服务业由 99.3 亿元增长到 159.7 亿元，增长了 60.8%；教育业增加值由 516.2 亿元增长到 1089 亿元，增长了 111%；卫生和社会工作业增加值由 254.5 亿元增长到 635.6 亿元，增长了 149.7%；文化、体育和娱乐业由 294.6 亿元增长到 583.5 亿元，增长了 98.1%。

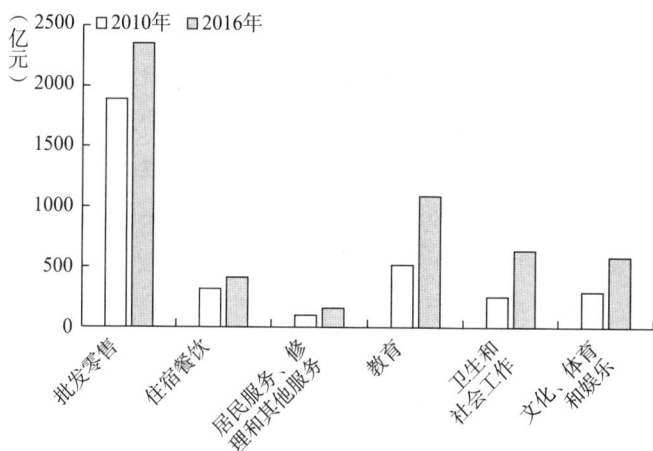

图 2-16　2010 年、2016 年北京市生活服务业重点领域增加值

数据来源：《北京市统计年鉴》。

2. 生活服务体系更加健全，更加便民利民

民生商务流通体系逐步完善。北京市坚持农产品流动体系的公益性，通过"直营直供"、"车载车售"等蔬菜零售新模式，在

便民惠农的同时，有效降低了终端零售价格。着力打造"一刻钟社区服务圈"，基本实现 8 项基本便民服务在城市社区全覆盖。组织实施早餐惠民工程，开展肉菜流通追溯体系建设试点。2015 年，城区物流末端配送网点覆盖率超过 80%，规模以上连锁超市主要商品统一配送率达九成。

创新商业服务模式，贴近社区百姓。右安门王府井购物中心、华联生活超市等大型商业企业和高端餐饮服务企业增加社区服务功能，向社区商业转型。社区生活性服务企业服务功能实现多元集成，便民菜店、便利店等开辟了早餐、代收快递等服务，满足了居民多元化的生活需求。

（四）疏解与提升相结合，生活环境更加宜居

将生活性服务业品质提升与疏解、调整相结合。疏解商品交易市场的同时，重点布局百姓急需的生活性服务业，做好功能补充和优化升级，为居民日常消费提供了有力保障。例如，西城区开展三里河南横街"七小"整治联合行动，引入品牌企业，改造成百姓生活服务中心；将广内北线阁菜市场、白纸坊盆儿胡同菜市场等传统菜市场改造提升为百姓生活服务中心，引入公司化经营替代原有个体摊位；在关停市场周边新建和改造蔬菜零售网点 76 处，增加蔬菜销售面积近 5000 平方米，保障居民日常生活需求不受影响①。海淀区在撤市场、调结构的同时，增设固定式便民服务网点、引导周边现有超市扩大果蔬销售面积、开通流动售菜车、回归原有配套商业设施，最大限度保障居民日常便民消费需求不受影响。

（五）京津冀市场一体化逐步加强，行业发展更加有序

京津冀三地共同签署了《关于进一步推动落实京津冀市场一体化行动方案的天津共识》，在推进非首都功能疏解、加强商务规

---

① 中国新闻网：《西城创建国家级生活服务区社区七项功能全覆盖》，2015 年 12 月 3 日。

划衔接和政策统筹、商贸物流信息共享、农产品市场产销衔接和保供互助等十个方面加强合作，促进市场一体化发展。根据各自功能定位和资源禀赋的差异，优势互补，京津冀三地在商品交易市场转移疏解和调整升级、物流仓储功能转移、产销对接及通关一体化、推动环首都一小时鲜活农产品物流圈建设等方面取得了积极成效①。2016 年 1～11 月拆除和清退商品交易市场 65 家，涉及建筑面积 66.7 万平方米，调整疏解商户 1.2 万户、从业人员 1.8 万人。白沟大红门国际服装城全面开业，北京新发地农副产品物流园一期项目建成投运。

新发地市场在河北省高碑店建设了分市场。面向区域服务的物流仓储功能逐步疏解，亚马逊、京东商城、唯品会等企业在天津武清电子商务聚集区建设仓储设施。启动京津冀区域通关一体化改革，京津冀地区的企业跨关区进口平均通关时间较改革前下降超过 1 天，出口平均通关时间下降超过一半。北京市西城区与河北丰宁、永清等地蔬菜基地合作，开设了直营便民菜店 30 多家，提升农产品供应品质②。

二 存在的问题

（一）从供给主体来看，需要"转型"和"转移"

1. 部分行业利润有所下降，需要转型升级

从生活服务业几大重点领域来看，2010～2016 年，除了住宿餐饮业，教育，文化、体育和娱乐业规模以上单位利润总额有所提高之外，批发零售业，居民服务、修理和其他服务业，以及卫生和社会工作的利润总额都有不同程度的负增长，卫生和社会工作还出现了行业亏损。批发零售业利润总额为 1080.8 亿元，比 2010 年减少了 41.3 亿元，降低了 3.7%；居民服务、修理和其他

① 北京市商务委：《2015 年北京市政府重点工作情况汇编》，首都之窗。
② 中国新闻网：《西城创建国家级生活服务区社区七项功能全覆盖》，2015 年 12 月 3 日。

服务业利润总额为 2.1 亿元，比 2010 年减少了 2 亿元，降低了 48.8%；卫生和社会工作亏损 6 亿元。

从单位性质来看，2010~2016 年，北京生活服务业几大重点领域规模以上非公单位利润减少了 24.9%，比规模以上单位的行业整体利润下降的幅度更大。其中，住宿餐饮业规模以上非公单位利润总额为 16.8 亿元，居民服务、修理和其他规模以上非公单位亏损 0.7 亿元；文化、体育和娱乐业，教育，批发零售业非公单位的利润也不如行业整体利润。只有卫生和社会工作行业规模以上非公单位亏损低于行业整体亏损（见表 2-2）。

表 2-2　2010~2016 年生活服务业部分重点
领域规模以上单位利润总额

单位：亿元，%

	规模以上单位利润			规模以上非公单位利润		
	2010 年	2016 年	增长	2010 年	2016 年	增长
批发零售业	1122.1	1080.8	-3.7	699.9	512.8	-26.7
住宿餐饮业	10.3	31.4	204	16.4	16.8	2.4
居民服务、修理和其他服务业	4.1	2.1	-48.8	1.6	-0.7	-143.7
教育	7.9	18	127.8	8.3	17.3	118.1
卫生和社会工作	3.9	-6.0	-253.8	3.4	-2.5	-173.5
文化、体育和娱乐业	54.5	107.2	96.7	5.0	7.9	58
利润合计	1202.7	1233.5	-2.6	734.8	551.6	-24.9

数据来源：《北京市统计年鉴》。

2. 空间分布过密与过疏并存，需要疏解转移

从空间分布来看，北京市如大红门、新发地等专门化大型批发零售市场较多，而社区特别是新建小区内中小型综合性功能齐全的便利店不足。根据中国连锁经营协会发布的"2016 中国城市便利店发展指数"，北京市每 7185 人拥有一家便利店，在 36 个城市（省会、直辖市、计划单列市等）中名列第五，排名比 2014 年

（倒数第二）有了较大的进步，门店增速达到了 23.5%。但是，从便利店分布密度来看，与上海市（每 3466 人拥有一家便利店）、深圳市（每 2589 人拥有一家便利店）、东莞市（每 1096 人拥有一家便利店）还有不小的差距①。与台湾相比，便利店数量和功能也有一定差距。台湾每 2300 人拥有一家便利店，便利店拥有较全面的生活服务功能，包括购物、寄送货物、票务、储值缴费、打印扫描、申辩服务、吃饭、办公、丢垃圾、叫计程车、紧急避难等。

（二）从供给方式来看，需要"两个加强"

1. 管理方式简单粗放，精细化、智能化需要加强

食品、药品还没有实现 100% 全程追溯，安全保障力度需要加大。家政、洗染等生活服务业服务标准和质量控制需要进一步加强。汽车运输为主的物流带来交通拥堵、环境污染等问题。

2. 互联网 + 服务创新力度需要加强

生活服务业依托电子商务平台，实现"互联网 +"融合发展是大势所趋。但目前，北京市电子商务交易中，商品交易占多数。在 1.8 万亿元的电子商务交易额中，商品交易额为 1.6 万亿元，占 88.9%；服务交易额为 2179.4 亿元，占 12.1%；商品、服务交易额比率为 7.34:1。和全国主要省市相比，北京市服务交易规模及增速也有一定差距。因此，服务性消费与电子商务融合发展的力度还需进一步加大。

（三）从供给效果来看，生活服务业品质参差不齐，缺乏相关行业规范和标准

一方面，生活服务业行业规范和服务标准不健全，服务质量参差不齐。尽管我国已制定了生活性服务行业法规和标准，但大多标准属于推荐性标准，实施效果不佳。另一方面，部分生活性服务行业从业人员素质参差不齐，专业技术能力弱，专业服务水

---

① 数据来源：2016 年中国 36 个城市便利店发展指数统计。

平有待提高。居民服务、体育等生活服务业相关学历教育、培训考核、职称晋升体系尚不健全，持证上岗率较低，缺乏相应职业资质认证管理和监督制度。

三 推动生活服务业发展的措施建议

（一）推动空间分布由专业化、集聚化向综合化、网络化转变

结合非首都功能疏解，调整批发零售业、住宿餐饮业空间分布，利用现有设施和闲置空间大力推动规范化、连锁化的综合性、生活性服务业网点建设，培育多服务集成商业模式，发展社区商业便民服务综合体，替代"小散乱"等低端业态，使群众享受到方便、快捷、舒适的服务。

（二）经营方式向品牌化、连锁化发展

认真落实北京市提高生活性服务业品质行动计划。一是疏通居民和家庭服务职业发展通道，加强生活服务业人才队伍建设。推动人才培养和岗位技能培训，为生活服务业提供专业人才。建立和谐稳定的劳动关系，稳定生活服务业人才队伍。二是加强家政服务等生活性服务业相关行业规范和标准的制定、完善和实施。三是树立品牌意识，开展向百年老字号学习的活动，破除短视、暴利思维，提供持久的高质量服务，树立品牌形象。四是推动资本进入和职业化运营。鼓励竞争，发展产权交易平台，通过兼并重组快速实现吸引大资本、高水平人力资本介入生活服务业，通过连锁化经营，实现空间（土地、房产等）资产的一体化使用和市场化交易。推广法人化、职业化运营。

（三）推动供应方式向绿色化、智能化发展

推广运输方式绿色化。利用新能源汽车运输。引进自动化装卸和智能配送系统。加强食品、商品和服务全程追溯管理。

利用互联网、云计算等技术，推动生活服务业智能化发展。拓展餐饮、批零、家政、法律、教育、健康服务等生活服务业电子商务应用。创新商业模式、服务模式、加强线上线下互动，促

进线上线下融合。增强体验功能，发展体验消费。

（四）提供内容向标准化、精致化、人性化发展

加强标准化管理。按照国际规则满足境内外居民的商务和生活需要，商品陈列和服务步骤严格按照标准和秩序执行。重视服务的品质。注重创意设计，让居民在接受服务的同时得到艺术享受。服务提供要有人文关怀，建立互相信任，减少焦虑感。推动以标准化为基础的个性化、定制化，降低搜寻成本和服务监督成本，利用现代技术实现大规模定制化服务，满足个性化需求。

（五）加强政府引导和监管

加强行业规划、监管、指导和协调，加大对生活性服务业薄弱领域的支持。一是制定发展规划。二是将生活性服务业体系建设列入"政府为民办实事工程"，以便民商业服务体系建设为切入点，引导、支持生活性服务业向品质化发展。三是完善统计指标，对生活服务业发展进行跟踪研究和监测，定期发布统计结果。

加强家政服务等生活性服务业相关行业规范和标准的制定、完善和实施。建立以质量管理制度、诚信制度、监管制度和监测制度、奖惩机制为核心的生活性服务业质量治理体系。

引入第三方评估机构，形成制约。对家政等服务过程实施全程监控。加强对预付费服务的监管。对服务质量下降、更换经营主体的相关单位降低信用等级，进行处罚。

（六）为民营资本营造良好发展环境

深化改革，鼓励引导社会力量投资生活服务业。一是给市场。转变政府职能，推进行政审批制度改革，减少不必要的行政干预，创新对民间投资的管理服务，激发民间投资创造活力，增强经济发展内生动力。在政策上为民办教育营造良好的发展环境，确立其教育有益补充的地位，调动民间资本投资的积极性。二是降成本。推动金融产品和服务创新，鼓励商业银行将生活性服务企业

的商标、品牌等无形资产纳入授信范围，完善无形资产、债券抵押、商业用地抵押制度，降低企业融资成本。三是提质量。对生活服务业，特别是准公共服务性质的教育、卫生、文化、养老、体育等生活服务业，要在鼓励社会资本投入、营造发展环境的同时，做好监管，提高服务质量。

第三章　生活品质与社会公共服务

第一节　北京市社会公共服务满意度研究

居民的衣食住行都离不开社会公共服务的发展。近年来，北京市持续加大社会公共服务投入力度，供给数量和质量都取得了较大的提升。然而，社会公共服务领域发展不平衡不充分问题仍然存在，特别是在居民最关心的教育、医疗、社会保障、养老等民生领域存在的问题，直接影响着居民的生活品质。

坚持以人民为中心的发展理念，必须以人民是否满意作为评判我们工作的价值尺度。本章利用调查数据研究了北京市居民公共服务的满意度，通过对满意度得分情况的比较分析，瞄准公共服务中居民满意度不高的薄弱方面，提出推动公共服务发展的有针对性的对策建议。

一　北京市居民的公共服务满意度

本章从 2013 年、2015 年中国综合调查数据中选取北京市样本，对公共服务的满意度进行了对比分析。

（一）住房保障、城乡基础设施和基本社会服务满意度提高最多

2015 年，北京市被访居民①的九项公共服务满意度中有八项比

---

① 在 2013 年、2015 年中国综合调查数据中选取出北京样本进行分析，样本量 540 份，结果可能存在一定的偏差。

2013 年有所提升（见表 3 - 1）。其中，公共教育满意度为 74.3 分，比 2013 年提高 5 分；医疗卫生满意度为 71.5 分，比 2013 年提高 6.6 分；住房保障满意度为 66.3 分，比 2013 年提高 9.7 分；社会管理满意度为 67.9 分，比 2013 年提高 4.3 分；社会保障满意度为 69.7 分，比 2013 年提高 3.1 分；最低生活保障、社会救助、基本养老等基本社会服务满意度为 69.3 分，比 2013 年提高 7.3 分；公共文化与体育满意度为 70.8 分，比 2013 年提高 2.1 分；城乡基础设施满意度为 73.7 分，比 2013 年提高 8.4 分。满意度降低的一项为劳动就业满意度，得分 64.1 分，比 2013 年降低 2 分。

表 3 - 1　2013 年、2015 年北京市居民九项公共服务满意度得分情况

单位：分

	2013 年	2015 年	得分变化
1. 公共教育	69.3	74.3	5
2. 医疗卫生	64.9	71.5	6.6
3. 住房保障	56.6	66.3	9.7
4. 社会管理	63.6	67.9	4.3
5. 劳动就业	66.1	64.1	-2
6. 社会保障	66.6	69.7	3.1
7. 最低生活保障、社会救助、基本养老等基本社会服务	62	69.3	7.3
8. 公共文化与体育	68.7	70.8	2.1
9. 城乡基础设施	65.3	73.7	8.4

（二）公共教育服务满意度最高

2013 年，在调查涉及的九项公共服务中，满意度得分普遍在 60 多分，高于全国平均水平。其中，满意度最高的三项分别是公共教育、公共文化和体育、社会保障；满意度最低的三项分别是住房保障，最低生活保障、社会救助、基本养老等基本社会服务，社会管理。2015 年，满意度最高的是公共教育，其次是城乡基础设施，再次是医疗卫生；排名最低的三项分别是劳动就业、住房

保障和社会管理（见表 3 - 2、表 3 - 3）。

表 3 - 2　2013 年、2015 年九类公共服务中满意度得分最高的三项

	2013 年	2015 年
1	公共教育	公共教育
2	公共文化和体育	城乡基础设施
3	社会保障	医疗卫生

表 3 - 3　2013 年、2015 年九类公共服务中满意度得分最低的三项

	2013 年	2015 年
1	住房保障	劳动就业
2	最低生活保障、社会救助、基本养老等基本社会服务	住房保障
3	社会管理	社会管理

（三）各项公共服务发展不均衡

从教育领域内部来看，学前教育、职业教育和高中教育的满意度都低于义务教育。在公共卫生服务领域中的健康档案、健康教育、药品安全、预防接种等项目中，被访居民认为最需要加强药品安全监管。在社会管理的几类服务中，被访居民认为最需要加强的前三项服务分别是食品药品安全监管、社会治安和社会矛盾化解，被访居民选择这三项的比例分别为 50.7%、21.1% 和 13.8%。

（四）公共服务均衡性最需要提升

从公共服务资源的充足性来看，被访居民表示"比较满意"的占 45.7%，表示"不太满意"的占 28.7%，还有 20% 多的居民态度模糊；从公共服务资源分布的均衡性来看，表示"比较满意"的占被访居民的 38.9%，表示"不太满意"的占 34.6%，认为"说不清楚"的占 20.7%，表示"非常不满意"的占 3.2%；从获取公共服务资源的便利性来看，表示"比较满意"的占被访居民的 58.6%，表示"不太满意"的占被访居民的 23%；从公共服务

的普惠性来看，表示"比较满意"的占被访居民的50%，表示"不太满意"的占22%，表示"非常不满意"的占4.3%。

为了更直观地反映公共服务各个维度的满意度，我们将"非常满意"、"比较满意"、"说不清楚"、"不太满意"和"非常不满意"按5分到1分赋值，计算得出公共服务各个维度满意度得分。由图3-1可知，2015年，被访居民在公共服务各个维度中满意度最高的是"便利性"，满意度最低的是公共服务资源配置的"均衡性"。

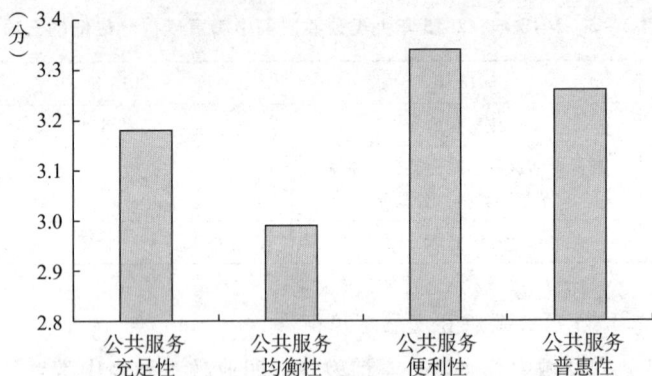

图3-1　2015年北京市居民公共服务各维度满意度得分

二　公共服务不均衡的表现

（一）部分区域教育资源相对不足

从学前教育资源幼儿园数量指标来看，16个区中每千常住人口幼儿园数量最多的前三个区分别是怀柔区、延庆区和密云区；每千常住人口幼儿园数量最少的是海淀区、大兴区和西城区（见图3-2）。作为首都核心区的东城区和西城区，以及教育大区海淀区，每千常住人口幼儿园数量均低于全市平均水平。怀柔区每千常住人口幼儿园数量是海淀区的3.7倍。从学前教育师资力量来看，密云区、怀柔区和房山区每千常住人口幼儿园专任教师数量排在前三位；排在最后三位的分别是大兴区、顺义区和海淀区（见图3-3）。

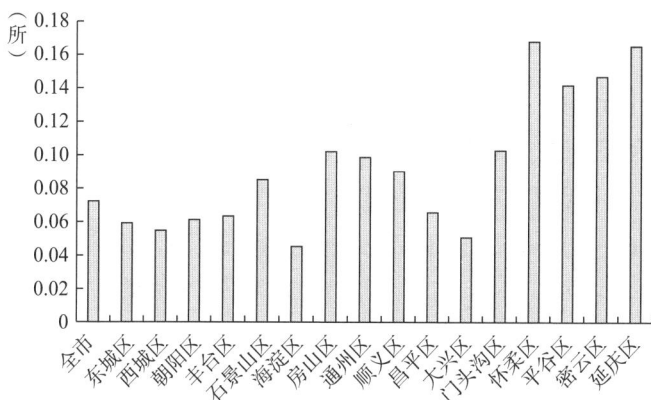

图 3 - 2　2016 年北京市 16 区每千常住人口幼儿园数量对比

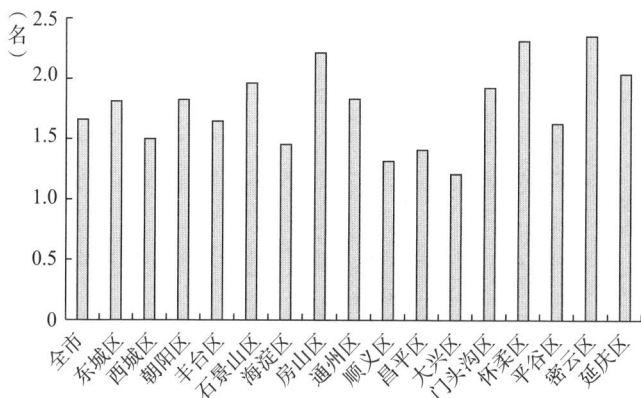

图 3 - 3　2016 年北京市 16 区每千常住人口幼儿园专任教师数量对比

（二）医疗资源多分布于核心区

从三级医院的地理位置看，北京市 51.8% 的三级医院分布在三环内，尤其是东单和西二环交通主干道周围聚集了多家知名的三级医院。其中，东单地区聚集了协和医院、同仁医院、北京医院和北京中医医院等 4 家三级医院，医院收入占北京市规模以上三级医院的 14.1%，其诊疗人次和医师数量占比均超过北京市规模以上三级医院的 1/10。东单和西二环地区三级医院的日均诊疗人次分别达到 2.4 万人次和 1.5 万人次，庞大的就诊人群给医院周边的道路交通带来了巨大压力，形成东单、西二环及周边交通堵点①。

从医疗卫生千人资源指标来看，16区中东城区每千常住人口医院床位数和每千人拥有执业（助理）医师最多，其次是西城区，通州区最少（见图3-4、图3-5）。东城区每千常住人口医院床位数12.55张，是通州区（2张/千人）的6.27倍。东城区每千人拥有执业（助理）医师11.53名，是通州区2.52名/千人的4.6倍。

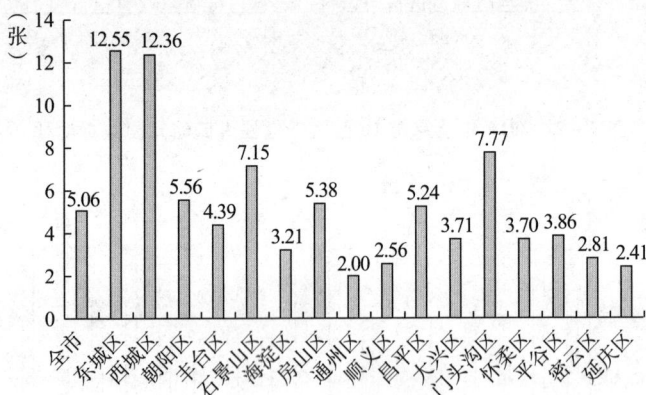

图 3-4 2016 年北京市 16 区每千常住人口医院床位数对比

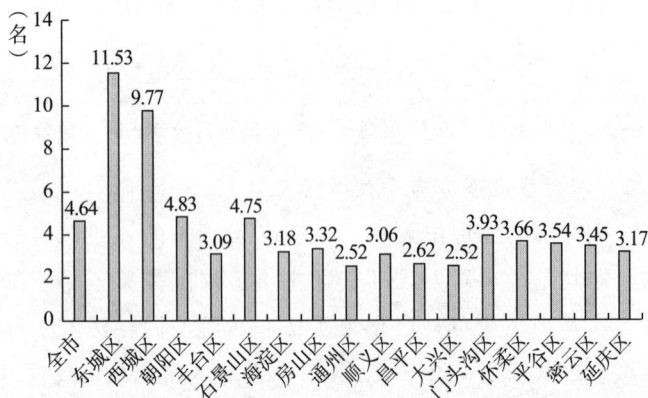

图 3-5 2016 年北京市 16 区每千常住人口执业（助理）医师数量对比

① 数据来源：北京市统计局。

（三）社会服务设施千人拥有量差距明显

2016 年，16 个区中千人收养性单位床位数最多的是延庆区，每千常住人口收养性单位床位数为 18.05 张，最少的是顺义区，每千常住人口收养性单位床位数为 3.13 张，延庆区的每千人收养性单位床位数是顺义区（3.13 张／千人）的 5.77 倍，是东城区（3.42 张／千人）的 5.28 倍（见图 3 - 6）。顺义区、东城区、通州区、大兴区、朝阳区、西城区和丰台区的每千人收养性单位床位数都低于全市平均水平（6.60 张／千人）。

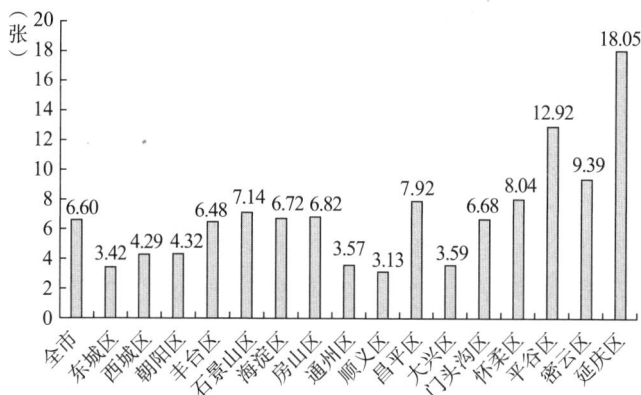

图 3 - 6　2016 年北京市 16 区每千常住人口收养性单位床位数对比

三　完善公共服务体系的对策建议

（一）呼应民生需求，提高供给有效性

针对居民反映最强烈的问题，提高公共服务供给质量。在教育领域，一方面，补齐教育设施短板，加强海淀、大兴、西城等区学前教育资源供给；另一方面，加强传统弱校、名校分校的软件建设，推动名校长、名教师流动，进一步优化首都教育资源，全面提高教育水平。在医疗卫生方面，统筹考虑通州区和副中心的医疗设施建设，加大延庆、密云、顺义等区医疗卫生项目建设力度。完善人才政策，充分考虑人才现实需求和成长需求。吸引执业医师到医疗资源薄弱地区和基层就职。完善社区卫生管理体制和绩效考核体制，调动社区人员的积极性。在收入上对基层服务人员给予充分保障，促进高水平医疗人才向社区流动。在劳动和就业方面，主动适应有序疏解非首都功能和构建"高精尖"经济结构，加强精细化就业服务和管理，努力实现更高质量的就业。在住房保障方面，继续加强对房地产市场的宏观调控和保障房建设力度。在社会救助等社会服务方面，完善社会救助动态调整机制，切实提高低收入群体的自我发展能力。在社会管理服务方面，大力加强食品和药品安全监督，提升居民的安全感。

（二）推动公共服务多元供给，提高供给质量

合理区分公共服务的性质，坚持公共服务"政府保基本，中端有支撑，高端有市场"。创新社会公共服务供给机制，培育发展社会组织，提升社会机构承接公共服务的能力，努力满足居民多样化的需求。在居家养老服务等领域引入专业运营团队，切实提升服务功能。

（三）加快"一刻钟社区服务圈"建设，提高公共服务便利性

努力补齐社区缺少的便民服务项目，增加便利店、菜市场等居民急需的服务。增加社区老年餐桌的数量，增加送餐服务。

（四）利用疏解腾退空间，完善社会公共服务功能

结合社区人群结构特征和居民需求，完善社区周边幼儿园、学校、文体场所、养老设施、公园、医院等相关社会公共服务设施，增加社区治安监控设备，增建便利店、银行、菜市场、停车场等便民场所。

第二节　北京市居民养老需求特征及供给研究

人口老龄化是当前经济社会发展面临的重要问题。到 2016 年

底，我国 60 周岁及以上人口达到 2.3 亿人，老年人口数量居全球首位，比重达到 16.7%，老年人口数量第一次超过了 0～14 岁人口，人口金字塔开始倒转。除西藏外，我国 30 个省份已经进入老龄化社会。数据显示，65 岁以上老年人口占总人口的比例从 7% 提高到 14%，法国用了 130 年，澳大利亚和美国用了近 80 年，而我国只用了 27 年。我国老年人口数量最多，老龄化速度最快，应对人口老龄化的任务也最重。预计到 2050 年时，中国 60 岁及以上老人将占总人口的 30% 以上，即每三个人中就有一个老年人[①]。社会转型和家庭结构的变化，使得养老问题日益突出，对养老服务的需求也日益增加。

面对日益严重的老龄化趋势，党和政府高度重视老龄化问题，习总书记多次对养老问题做出重要指示。习近平总书记指出，"有效应对我国人口老龄化，事关国家发展全局，事关亿万百姓福祉"，"提高养老院服务质量，关系 2 亿多老年人口特别是 4000 多万失能半失能老年人的晚年幸福，也关系他们子女工作生活，是涉及人民生活质量的大事。要按照适应需要、质量优先、价格合理、多元供给的思路，尽快在养老院服务质量上有个明显改善"。

在十九大报告中，习总书记指出要 "积极应对人口老龄化，构建养老、孝老、敬老政策体系和社会环境，推进医养结合，加快老龄事业和产业发展"。这是未来五年甚至更长时间的老龄事业路线图，为养老事业和产业发展指明了方向。

北京市作为进入老龄化较早、老龄化程度较高的城市，解决好养老问题更加迫切。截至 2016 年底，我市 60 岁及以上户籍老年人口达 329.2 万人，占户籍人口总量的 24.1%（见表 3 - 4）。预计到 2020 年，全市户籍老年人口将超过 380 万人，占户籍人口的比例将超过 26.7%。80 岁以上户籍老年人口将占 17% 以上。此外，

---

① 《2015 年中国人口老龄化结构分析及养老产业发展趋势》，中国产业信息网，2015 年 10 月 19 日；《报告预计 2050 年中国老年人口将达到 4.83 亿人》，中国新闻网。

据调查，北京市失能半失能老人的比例为 4.78%①。随着失能失智、独居和高龄老人的增多，居民对专业护理、机构养老等方面的养老服务需求日益增长。

表 3 - 4　2016 年北京市按不同年龄划分的户籍老年人口构成②

单位：万人，%

年龄组	人数	占总人口的比例	占 60 岁及以上的比例
60 岁及以上	329.2	24.1	100.0
65 岁及以上	219.3	16.1	66.6
80 岁及以上	59.5	4.4	18.1

以往的研究大多从养老服务体系、养老政策等角度出发研究养老服务发展的问题，本研究在既有研究的基础上，注重宏观和微观相结合，供给和需求相结合，通过对供给方养老机构的调研和对需求方养老意愿的调查，从供给和需求两方面深入分析养老问题，提出有针对性的建议。

一　养老服务相关概念界定

养老服务是指为老年人提供必要的生活服务，满足其物质生活和精神生活的基本需求。

养老服务的主要类型包括社区居家养老服务和机构养老服务。其中，按照 2015 年北京市公布的《北京市居家养老服务条例》，居家养老服务又分为助餐、医疗卫生、家庭护理、紧急救援、日间照料、家政服务、精神慰藉、文体服务八大类。

养老机构可以分为敬老院③、福利院、养老院、老年公寓（专

----

① 北京市老龄办 "2015 年北京市城乡老年人口状况调查"。
② 数据来源：《北京市统计年鉴 2017》。
③ 在城市街道、农村乡镇、村组设置的供养 "三无"、"五保" 老人、残疾人员和接待社会寄养老人安度晚年的养老服务机构，设有生活起居、文化娱乐、康复训练、医疗保健等多项服务设施。

供老年人集中居住，符合老年体能心态特征的公寓式老年住宅，具备餐饮、清洁卫生、文化娱乐、医疗保健服务体系，是综合管理的住宅类型）等；按照营利属性，可以分为营利性养老机构和非营利性养老机构。

此外，其他养老方式还包括社区养老、异地养老、候鸟式养老等。异地养老是指老年人离开现有住宅，到外地居住的一种养老方式，包括旅游养老、度假养老、回原籍养老等。候鸟式养老是指随着季节变化，选择不同的地方旅游养老。

二 北京市养老需求特征分析

本研究对北京市居民的养老意愿进行了调查①。其中，网络调查侧重对 35 岁以上北京市居民的调查；实地问卷调查主要针对 60 岁以上老年人，抽取 6 个区，随机开展截访调查。

根据调查数据对北京市养老需求特征进行分析，结果表明，年龄、收入、身体状况等是影响老人养老需求的重要因素。

（一）北京市居民的养老意愿②

1. 养老方式上，半数老人倾向于居家养老

当被问及"您倾向的养老方式"时，54.7% 的人选择"在家养老"。社区养老、异地养老、候鸟式养老需求高于机构养老，16% 的老人选择"社区养老"，9.76% 的老人选择"异地养老"，8.16% 的老年人选择"候鸟式养老"，选择比例均高于"去养老院养老"（3.36%）。在愿意去养老院的人中，有 66.1% 的人选择公立养老院，23.4% 的人选择民办非营利性养老院，只有 10.6% 的人考虑选择高端商业养老机构。

---

① 北京市经济与社会发展研究所社会部养老课题组"2017 年北京市老年人养老需求实地调查"和"2017 年北京市居民养老需求网络调查"。

② 数据来源：北京市经济与社会发展研究所社会部养老课题组（段婷婷、荀怡、刘烨）"2017 年北京市老年人养老需求实地调查"和"2017 年北京市居民养老需求网络调查"，用 stata 软件进行数据分析所得。

2. 居住安排上，多数人希望能与老人近距离照顾

被调查者中，60.3%的人愿意与老人住在一起，认为这样方便照顾；另外，虽然还有29%的人不希望与老人住在一起，但仍然希望距离不要太远。不愿意与老人住在一起，感觉不方便的人仅有10.6%。可见，多数人希望通过在一起居住或者近距离居住的方式，来实现对老人的照顾。

3. 服务类型上，老人最希望周边有老年餐饮和生活照料服务

调查显示，老人最希望周边能提供老年餐饮和老年生活照料服务，这两项的选择人数比重分别达到68.6%和63.2%；其次是老年健康保健服务、老年活动交流服务，这两项的选择人数比重分别达到51%和41.1%。此外，选择老年用品租赁服务、老年心理辅导的人数比重也超过了两成，分别达到28.8%和22.1%。

（二）养老意愿的相关因素分析

1. 收入水平

养老意愿和老人的收入水平也有直接的关系，收入较高的老人更倾向于专业化、社会化的养老方式。选择康复机构的老人收入水平最高，月平均收入超过5300元；其次是选择候鸟式养老的老人，月平均收入在4300元左右；选择养老社区的老人月平均收入为4258元；选择去养老院养老的老人月平均收入为3968元；选择在家养老的老人月平均收入为3843元；选择异地养老的老人月平均收入为3777元；选择社区养老的老人月平均收入为3434元。

2. 房产数量

"房产多"的老人选择机构养老的意愿更强。调查中，老年人大部分拥有自己的住房。拥有1套住房的超过53.4%，拥有2套住房的占36.5%，拥有3套以上住房的占9.6%。根据房产数量与养老意愿的相关分析，房产数量与养老意愿显著相关。房产数量越多，越倾向于选择养老社区、养老机构。

3. 健康状况

身体健康状况与社区养老机构选择显著相关。身体健康的老人在社区养老机构养老的只占 4.73%，身体状况不太好的到社区养老机构养老的占 14.29%，半自理老人在社区养老机构养老的比例达到 33.33%。

身体状况和养老院位置选择也有显著的相关关系。身体健康状况不佳的老人更希望养老地点离家近。在不同身体状况的老人中，健康老人选择希望养老院在"环境好、人少清静的地方"的比例最高，为 58.6%。身体越不好，选择养老机构地点"无所谓"或"离家近"的比例越高，选择在"环境好、人少清静的地方"的比例越低。

（三）未来北京市机构养老需求分析

居家养老仍是未来老年人养老的主要方式。此外，随着老龄化日益严重、家庭结构的变化、"4－2－1"型家庭的增多以及老年人寿命的增长，"家庭养老"将逐渐向"社会养老"过渡，机构养老的意愿可能会比现在有所提高，养老机构床位空置的状况可能会有所缓解。

1. 低龄老人社会养老意识更强，对机构养老接受程度更高

虽然目前大部分老年人仍愿意在家养老，机构养老、社区养老的意愿不强，但可以看到，低龄老人对社会养老的接受程度更高，排斥性更低。

在 61～70 岁、71～80 岁及 81 岁及以上三个年龄段的老人中，61～70 岁的低龄老人，选择去养老院养老的比例最高，比例为 4.21%，71～80 岁、81 岁及以上老人选择去养老院养老的比例分别为 2.29% 和 0（见图 3－7）。

当被问及对去养老院的看法时，有 10.8% 的 61～70 岁老人选择"无论如何不去养老院"，71～80 岁老人选择"无论如何不去养老院"的占 11.8%，81 岁及以上老人选择"无论如何不去养老院"的占 22.2%[①]。也就是说，低龄的老年人对养老机构的排斥要

---

① 数据来源：北京市经济与社会发展研究所社会部养老课题组"2017 年北京市老年人养老需求实地调查"和"2017 年北京市居民养老需求网络调查"，用 stata 软件进行数据分析所得。

低于高龄老人。

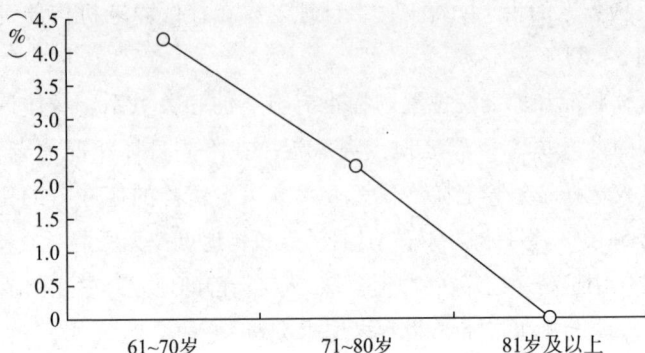

图 3 - 7 北京市不同年龄段老人选择机构养老的比例

2. 随着居民年龄增大，子女能照顾老人的比例降低

数据分析表明，居民的年龄和家里老人的照顾方式有显著的相关关系。56 ~ 59 岁的居民家中老人由子女照顾的比例最高，达到 60% ；而 60 岁以上居民家里的老人由子女照顾的比例下降为 33% 。年龄越大，老人身体出现状况的比例越高。60 岁以上老人可能由于身体条件不允许和专业护理知识的缺乏，无法照顾家中的高龄老人。

3. 未来医养结合床位增加将满足部分老人的医疗需求

我市有 86.3% 的老人患有慢性疾病，患病率较高的 3 种慢性病为：高血压（51.17%）、骨关节病（38.66%）、心脑血管疾病（34.82%）[1]。目前，北京市医养结合床位不到养老床位总数的 50% 。据调查，48.8% 的中青年人认为"缺乏医疗服务"是养老院最需要改进的地方[2]。按照我市"十三五"时期养老规划，医养结合床位将达到 70% 以上。如果这一目标得以实现，居民可以在养老院得到更多更好的医疗服务，可以预计，将来选择社会化养老的家庭会更多。

---

[1] 北京市老龄办 "2015 年北京市城乡老年人口状况调查"。
[2] 数据来源："2017 年北京市居民养老需求网络调查"。

三　北京市养老服务的供给特征

近年来，北京市养老服务体系建设重点发生了转变，从"重建设"到"重服务"，更加重视居民的就近需求和获得感。具体而言，有以下几个转变。

（一）从重床位建设到重居家服务，服务便利性有所提升

近年来，为了适应群众日益增长的社区和居家养老需求，北京市养老服务的重点由注重养老床位建设，到更加注重居家养老服务。2015 年，北京市颁布实施了《北京市居家养老服务条例》，推动机构养老、社区养老和居家养老融合发展。2016 年，北京市《政府工作报告》提出优先发展居家养老服务的目标，同时指出，"十三五"时期，居家养老是养老服务的重点。

构建"三边四级网络"。政府的考核指标不再过多关注养老床位数量的增长，而是通过"三边四级"（周边、身边、床边；市 - 区 - 街道 - 社区四级）的养老服务网络，为大多数的老年人提供"家门口"的专业化养老和上门服务。以街（乡、镇）养老照料中心为依托，为老人提供托管、送餐、日间照料、康复护理等一系列服务，让老人在家里就能享受到专业的高品质养老服务。

居家养老服务单位快速发展。扶持培育了老年餐桌、生活照料、养老机构、文化娱乐、精神关怀等各类服务单位 1.5 万家。截至 2017 年 9 月，全市工商注册养老服务企业（企业名称含有"养老服务"、"居家养老"等）1329 家；在民政部门注册为养老相关社会组织的达 600 余家。这些措施提高了养老服务的可及性、便利性，增加了居民的获得感。

（二）从远离式到嵌入式，空间布局更加合理

近年来，为缓解养老床位供需不匹配的状况，北京市更加注重老年人口的分布和需求，根据老年人口分布，科学规划、布局养老机构。优先在人口老龄化程度高、养老需求大的地区开展养老照料中心和养老驿站建设。从 2014 年起，北京市实施了《街

乡镇养老照料中心建设三年行动计划（2014年-2016年）》，扶持了252个养老照料中心建设项目，推动养老机构辐射开展居家养老服务；制定《关于开展社区养老服务驿站建设的意见》，支持建设了350家养老驿站①，"十三五"时期规划建设1000个养老驿站。

（三）从政府主导到多元发展，发展环境更加优化

过去，由于公办养老院可以无偿获得国家土地划拨、财政拨款等，在地理位置、服务设施、价格等方面与民营养老院相比具有天然的优势。公办养老院一床难求，需要排队等候，而许多民办养老院门可罗雀，无人问津。近年来，北京市制定了一系列政策措施来缓解这种状况。

1. 明确公办定位，不与民办争市场

一是明确公办养老院保基本、兜底线的定位，优先保障困难老人的养老需求。二是适应养老服务业社会化发展趋势，健全公办养老机构运行机制，更好地履行基本养老服务职能。2015年北京市进行了全面的公办养老机构改革，印发《关于深化公办养老机构管理体制改革的意见》，出台《北京市养老机构"公建民营"实施办法》、《北京市公办养老机构入住及评估管理办法》和《北京市公办养老机构收费管理暂行办法》等改革配套文件，将困境家庭保障对象、优待服务保障对象，以及计划生育特殊困难家庭失能或70周岁以上老年人纳入基本养老服务保障对象范围，优先满足高龄、失能、经济困难等老年人入住，实现政府"托底保障"。同时，逐步对公办公营养老机构进行体制改革，将新建养老机构交由社会力量运营管理。

2. 政府投硬件，社会资本管运营

为了"降成本"、"补短板"，北京市制定出台《关于全面

---

① 北京市老龄办：《北京市老年人口信息和老龄事业发展状况报告（2016-2017）》，首都老龄之窗，2017年11月22日。

放开养老服务市场进一步促进养老服务业发展的实施意见》、《北京市关于开展社区养老服务驿站建设的意见》等文件。一是放开养老服务市场，降低交易成本。二是按照"设施政府无偿提供、运营商低偿运营"的思路，由政府建设或利用原有设施改造成统一标准的养老驿站，通过招投标、品牌连锁运营等办法选择社会组织或企业来运营。政府进行先期的固定资产投入，避免社会资本进入养老服务业面临的前期投入过高、难以收回成本的问题，同时，利用专业的社会组织或企业运营团队，充分发挥政府、市场各自的作用，实现更专业、更高效地为老人服务的目的。

此外，近年来，北京市通过发放建设补贴、运营补贴、税收减免和水电气暖居民用价优惠等政策，加大对社会办养老机构的扶持力度。发布《街乡镇养老照料中心建设三年行动计划（2014 年－2016 年）》，采取"市级引导、区级主导、择优分配、社会公开、运营规范"的原则引导社会资本投资和运营管理。扶持养老照料中心建设项目 252 个，累计投入财政资金近 5 亿元，撬动社会直接投资 20 多亿元。到 2017 年，扶持培育了各类养老服务单位 1.5 万家。全市 214 家公办养老机构，已有 52.2% 实现了公办民营，养老服务供给不断丰富，逐步满足老年人多样化养老需求。

从 2011 年到 2016 年，北京市投入使用的养老机构数量由 401 家增长到 534 家，增长了 33.2%。其中，社会办养老机构数量增长了 47%，社会办养老机构的比重由 2011 年的 46% 上升到 2016 年的 51%，提高了 5 个百分点（见图 3 - 8）。养老床位数增长了 59.6%，其中，社会办床位数增长了 59.7%，社会办养老床位的比例提高到 62%（见图 3 - 9）。可以说，社会办养老机构为北京市养老服务供给做出了较大的贡献，多元化的社会养老服务体系逐步完善。

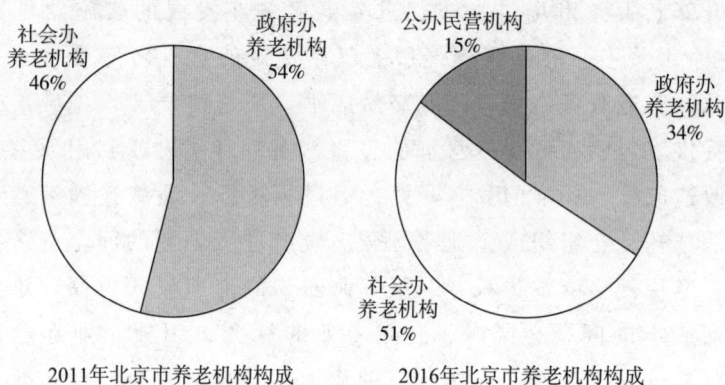

图 3-8　2011 年、2016 年北京市养老机构构成对比

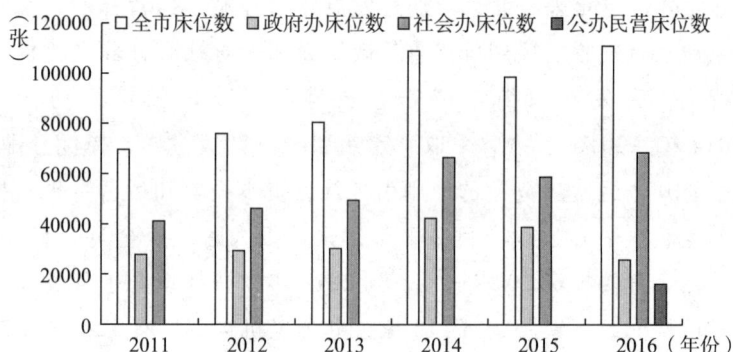

图 3-9　2011~2016 年北京市养老床位数量变化

（四）从自我发展到区域合作，京津冀养老协同初见成效

京津冀三地签署了《京津冀民政事业协同发展合作框架协议》、《京津冀养老服务协同发展方案》、《京津冀养老工作协同发展合作协议（2016 年 - 2020 年）》等文件，选择了天津武清养老护理中心、河北燕达国际健康城、中标集团河北高碑店养老项目做试点。试点机构收住京津冀三地户籍的老年人，可以享受异地医保报销。试点机构可以享受北京市养老床位运营补贴、机构综合责任保险、医保互联互通等政策，机构入住率比政策实施前有显著的提高。京津冀养老的协同发展，逐步解决了跨地区的社保

和福利壁垒，给老年人养老增加了新的途径。

四　养老服务的几种典型模式

（一）保险＋高端医养融合模式："泰康之家·燕园社区"

1. 基本情况

"泰康之家·燕园社区"总建筑面积约 31 万平方米，社区配建了 1 万平方米的二级资质康复及老年病医院，有 2 个标准手术室、114 张病床。全部建成后可容纳 3000 户、约 4500 位老人入住。

2. 主要优势

一是政策支持。国务院先后发布了《关于加快发展养老服务业的若干意见》、《关于促进健康服务业发展的若干意见》、《关于加快发展现代保险服务业的若干意见》，鼓励保险资金等社区资本进入养老服务业，明确提出推动医养融合发展，探索医疗机构与养老机构合作新模式。

二是提供专业的全过程医疗和康复护理服务。"泰康之家·燕园社区"建立了二级康复医院，可以为社区老人和周边居民提供老年病和慢性病预防、治疗、康复、长期护理、慢病管理、临终关怀的全过程医疗护理服务。社区通过康复医院，与知名三甲医院建立了绿色通道合作，与国际一流医院建立了国际医疗直通车转诊服务。同时，社区签约了 999 急救车驻场，可及时响应紧急医疗救助需求。

三是提供满足不同需求的持续照料。"泰康之家·燕园社区"引进国际领先的 CCRC 持续照料退休社区模式，分为独立生活区、协助护理区、专业护理区及记忆照护区，可针对老人不同阶段的需求提供相应程度的照护服务。

（二）"互联网＋养老服务"：清檬养老

1. 基本情况

清檬养老将互联网与养老产业相结合，运用大数据和云平台进行养老健康管理，形成了包含养老健康人才教育、养老健康服务、养老健康高科技研发、养老健康O2O于一体的管理服务体系。一方面，通过嵌入社区的"清檬居家养老照护中心"，为居民提供定制养老服务，使老人不离社区、不离家就能享受专业的高品质居家养老服务。另一方面，还可以针对养老院、福利院、日间照料中心、大型养老社区（公寓）等提供运营管理输出。

2. 主要优势

一是充分发挥互联网在生产要素配置中的优化和集成作用，提升实体经济的创新力和生产力。二是采取轻资产连锁运营，提供服务输出，提供服务平台，整合老人日常生活服务商。抓住养老护理员的教育培训这个养老服务产业的上游和基础行业，拓展教育培训基地。

（三）"三社联动"打造社区居家养老服务模式：什刹海社区居家养老服务中心

1. 基本情况

什刹海社区居家养老服务中心是中国社会福利基金会"万家公益养老示范工程"在北京的试点单位，依靠中民万家智慧城市居家养老服务平台，提供家政、餐饮、医疗、护理、紧急救助、日间照料、心理慰藉、文化体育、适老化设备等服务，取得了较好的效果。

2. 主要特点

一是"三社联动"。充分发挥社区、社会组织和社会工作者在居家养老服务中的作用。加大了对购买社会组织养老服务的力度。二是政府指导、社会组织参与、市场化运营。什刹海社区居家养老服务中心得到了北京市、西城区和什刹海街道的大力支持。在政府支持下，社会组织参与，运用市场化运营模式。社区居家养老服务中心解决社区老人、社区居民吃饭难、就医难、护理与家政服务难等生活难题，以及空巢和独居老人突发情况的紧急救助等问题，同时提高社区老人与居民的生活质量。三是公益社区、惠民社区和智慧社区相结合。集合网站、微博、微信、APP、呼叫中心、电子杂志等互联网工具，将线下社区便民服务站和线上电子商务平台、移动互联智慧终端与智能家居终端紧密结合。

五　北京市养老服务存在的主要问题

十九大报告指出："我国社会主要矛盾已经转化为人民日益增长的美好生活需要和不平衡不充分的发展之间的矛盾。"养老领域的发展也存在一些不平衡、不充分的现象。虽然我市多元化养老服务体系不断完善，社会资本在养老服务体系中也发挥了较大的作用，但仍然存在一些障碍和问题，影响了社会资本参与的积极性。

（一）养老方式上，居家为主的养老意愿与服务供给不匹配

社会养老意识不足。受中国传统文化和"养儿防老"观念的影响，家庭养老仍然是老人的首选。根据北京市老年人养老意愿调查①结果，当被问及"您倾向的养老方式"时，58.9%的60岁以上老人选择"在家养老"，16%的老人选择"社区养老"，选择"去养老院"的只占3.36%，还有11.5%的老年人表示"无论如何都不去养老院"。网络调查中，有54.1%的18~59岁受访者选择"在家养老"。

床位使用率有待提高。虽然北京市公办养老机构床位使用率有所提高，但从整体来看，床位空置与一床难求的矛盾仍然存在。截止到2017年第三季度，全市投入使用的养老和残疾人床位数量达到95634张，但实际收住老人数量只有37048人。

据调查，受访居民家中需要赡养的老人大多数由子女照顾。居民选择去养老院的比重不高，而且大多数居民去养老机构是一定条件下的"无奈之举"。当被问及"在什么情况下会选择去养老机构"时，半数以上受访者认为在"子女无法照顾"的情况下才

---

① 北京市经济与社会发展研究所社会部养老课题组"2017年北京市老年人养老需求实地调查"。

会去养老机构，选择在"缺乏自理能力"、"居家养老不能满足需求"时去养老机构的比重分别为 43.15% 和 32.45%。选择"养老院设施配套达到要求"、"养老院费用能承担"的比重也分别达到26.3% 和 22.1%。

（二）空间布局上，老年人口和养老机构分布不平衡

长期以来，北京市养老机构存在空间分布与结构失衡，床位不足与床位空置并存的现象。北京市中心城区户籍老人的数量达到 200 多万人，是周边区县的近 2 倍；从比例上看，60 岁以上户籍老人占中心城区户籍人口的比例为 24.7%，比周边区县高 3.5个百分点；中心城区 80 岁以上户籍老人占比为 5.02%，比其他区县高 2.2 个百分点[1]。同时，80 岁以上高龄老人失能半失能的比例达到 9.09%，是 80 岁以下老人的 2 倍多，他们对专业护理的需求更高[2]。从养老床位供给来看，虽然北京市城区的老年人口多，养老需求大，但 80% 以上的养老院分布在五环外[3]。

（三）居民支付能力与养老服务价格不匹配

调查表明，老年居民收入水平不高，支付能力有限。被访老人的平均月收入为 3874 元（与 2016 年北京市平均退休养老金3355 元接近），仅为职工平均工资收入的一半左右，86.7% 的老人平均月收入在 5000 元以下。其中，平均月收入在 3000～3999 元的老人比重最高，达到 37.6%。收入在 7000 元以上的老人只占 3.3%。

从老年人能够接受的养老院收费来看，50.6% 的老人能够接受的收费在 2001～4000 元/月，40% 的老人能够接受 4001～6000

---

① 北京市老龄办：《北京市 2015 年老年人口信息和老龄事业发展状况报告》，首都老龄之窗。

② 北京市经济与社会发展研究所社会部养老课题组"2017 年北京市老年人养老需求实地调查"。

③ 周明明、冯喜良：《北京养老产业发展报告（2015）》，社会科学文献出版社，2015。

元/月的收费。此外，还有 6.7% 的老人认为养老院收费应该在 2000 元/月及以下，只有 0.3% 的老人认为收费 8000 元/月以上能接受。40.8% 的老人、49% 的中青年对养老院最突出的意见是"收费太高"。

从供给方面来看，养老院收费主要包括床位费、餐费和护理费，目前大部分养老院收费高于居民预期。据调查①，2016 年北京市新开业的 17 家养老院平均收费为 6447 元/月。

（四）养老服务水平与居民的期待不相适应

虽然北京市已经开始重视居家养老，推进养老机构（养老照料中心）辐射开展居家养老服务项目，推进"一刻钟社区服务圈"建设，完善社区为老服务内容等，但是与居民需要还存在一定的差距。目前北京的居家养老发展水平整体较低，专业化水平有待提高，缺少具有品牌的企业或机构。

机构养老服务质量也需要进一步提高。调查显示，居民认为养老院有不少需要改进的地方。在老人看来，除了"收费太高"，养老机构最需要改进的是"缺少情感慰藉"、"氛围不好，太拘束、不自由"，选择这两项的受访者比重分别为 36.8% 和 35.8%。这说明，相对于服务水平和硬件设施，老年人认为养老院对老年人的情感关怀不够②。中青年除了收费问题，更多关注"缺乏医疗服务"、"服务不好，不够精细"。

六　问题产生的原因分析

1. 家庭养老的传统与养老服务供给的矛盾

一方面，居民的养老方式是以家庭养老为主，另一方面，养

---

① 养老人生：《2016 年新建北京养老机构发展调研白皮书》，http://blog.sina.com.cn/s/blog_8911461d0102wmdj.html。

② 数据来源：根据北京市经济与社会发展研究所社会部养老课题组"2017 年北京市老年人养老需求实地调查"和"2017 年北京市居民养老需求网络调查"进行数据分析所得。

老服务，特别是居家养老服务还未适应居民养老需求，亟须大力发展。

中国家庭养老有着悠久的历史传统。俗话说"养儿防老"，在传统儒家思想和养老、尊老、敬老观念的影响下，中国形成了以"家庭养老"为主的模式。受传统儒家思想影响较深的日本、韩国等东亚国家，居家养老也是最主要的养老方式。

当前，在养老服务体系的建设过程中，重硬件、轻软件，服务和管理跟不上的问题仍然存在，上门居家养老服务发展还面临许多困难，需要大力推动解决。

2. 专业人才稀缺，运营管理需要加强

养老人才资源配置不合理，专科毕业人才太少，难以满足需求。行业薪酬待遇普遍偏低，缺乏完善的职称晋升渠道，职业发展和上升通道受阻，难以吸引和留住人才。

3. 行业利润低微，盈利模式仍需探索

从世界范围来看，养老行业都是一个微利的行业。欧洲如西班牙等国，养老行业的利润在6%左右，在养老市场比较成熟的美国，养老地产行业利润大概在10%[1]。从中国的实际情况来看，大部分营利性养老机构尚未探索出成熟的盈利模式，养老产业发展需要加强盈利模式的设计和研究。

七　城区小型养老机构调研情况

如前文所述，一方面，北京市机构养老存在分布结构与需求不匹配、服务价格与负担能力不相适应等方面的问题，床位空置与床位紧张并存。另一方面，北京市失能半失能老人的比例为4.78%[2]，

---

① 中商情报网：《美国养老地产分析：市场集中度不高 资本收益约10%》，2015年9月18日，http://www.askci.com/news/chanye/2015/09/18/112240btdh.shtml。

② 北京市老龄办：《北京市2015年老年人口信息和老龄事业发展状况报告》，首都老龄之窗，http://www.bjageing.gov.cn/sdyl/main_ll/xxfb/detailBulletin.do?method=detailBulletin&id=3549&websitId=8008&netTypeId=2。

随着失能失智、独居和高龄老人的增多，群众对专业护理、日间照料、慢病管理、助餐服务等方面的养老服务需求日益增长。

近年来，为了适应社区和居家养老服务的需求，北京市颁布实施了《北京市居家养老服务条例》、《街乡镇养老照料中心建设三年行动计划（2014年－2016年)》、《关于开展北京市社区养老服务驿站建设的意见》等文件，大力推进养老机构和养老驿站建设，推进机构养老、社区养老、居家养老服务协同发展，努力满足老年人多样化的、就近的养老服务需求。为了解城区养老机构运营情况，我们调研了中心城区几家不同类型的养老机构，结合政策文件和研究资料，对城区养老机构发展存在的问题进行了梳理和总结。

（一）城区养老设施的基本情况

近年来，北京市积极构建居民"周边、身边、床边"的养老服务和市、区、街（乡）、居（村）四级养老服务体系，以街（乡、镇）养老机构为依托，为老人提供托管、送餐、日间照料、康复护理等一系列服务，让老人在家里就能享受到专业的高品质养老服务。截止到2017年2月，北京市建成了200多个街道养老机构、150多家养老驿站。

1. 养老设施的共性特征

本研究调研的城区养老机构涵盖了三种不同的类型，包括公办（街道办）公营养老机构、民办公助养老机构和公建民营养老机构。虽然类型不同，但这些机构都具有以下几个特征。

一是规模以中小型为主。调查的几家养老机构的面积在1000～3000平方米，床位数量从32张到100多张，属于中小规模养老机构。二是位置"嵌入"社区。城区的养老机构一般紧邻社区或就在社区之内，方便老人就近享受专业化的服务。三是提供多元服务。调研的养老机构均能提供老人日常生活照料护理、文化娱乐和心理慰藉等服务。在医养结合方面，有2家机构与周边医院签订了合作协议，能提供体检、健康宣教、巡诊以及就医绿色通道；1

家机构设有医务室和康复中心，有3名专业护士，毗邻社区卫生服务站，方便居民就医。

2. 不同养老设施的特点

除了共性特征，调研的养老机构也各有自己的特色，在服务对象、服务功能、服务设施、护理人员配备、服务运营情况等方面存在一定的差异。

（1）公办公营养老机构——低配置、高满意度

该养老院建筑面积1096平方米，现有床位50张，由街道办事处主办，主要服务对象为60岁以上的能自理、半自理的老人，还负责周边"三无"老人、经济困难老人等特殊困难老人的养老照料。由于缺少专业护工，不能接受非自理老人，也没有足够人手开展对周边居民的居家服务。

机构配备了适老化无障碍设施、监控设备等基本设施。尽管配套条件不算高端，服务人员不多，但仍然做到干净整洁无异味，服务到位有规程。不仅如此，该养老机构的文化娱乐活动十分丰富，是志愿者和企事业单位献爱心的定点机构，而且收费相对较低，解决了附近"三无"老人、低收入老人"老有所养"的问题，老人满意度较高。

运营状况。养老机构收费（含床位费、伙食费、护理费）2700~3400元/月；有10位工作人员，护理人员与老人配比在1:10左右。食宿、社保、工资成本每人每月3000元左右。整体收支平衡，略有盈余。

（2）民办公助养老机构——配置较高，亏损较大

该养老机构建筑面积1125平方米，现有全托床位35张，日托床位18张，是由国企投资经营的民办公助型养老机构。主要服务周边居住的自理、半自理和不能自理的老人；机构内设有多功能区、机能康复室、诊疗室、按摩保健室、阳光交流区、书画图书阅览区、影音室等，配备日本进口智能护理床、新风系统等。

运营情况。现有护理人员 10 名，护师 1 名，全部拥有专业证书。护理人员与老人配比接近 1:3。收费在 4800～7200 元/月，押金 2 万～5 万元。租金支出 65 万/年，亏损较大。

（3）公建民营养老机构——较高配置，略有亏损

该养老机构建筑面积 3076 平方米，现有床位 102 张，涵盖机构养老、居家养老和日托功能，主要服务附近自理、半自理和不能自理的老人，接收特殊困难老人和保障对象；同时为周边老人提供助餐、助浴等日常生活照料，卫生保洁、代办代购等生活协助，提供图书阅览、老年大学等服务，满足老人精神需求；还可以根据老年人的不同需求和身体情况提供定制的个性化服务，为家属提供喘息式服务等。该机构由街道建设，签约委托民办养老机构运营，街道定期考核运营情况。

运营状况。收费在 4000～5200 元/月；护理人员与床位配比在 1:3 左右。配备适老化、无障碍设施、无线呼叫系统、医务室、康复中心等。

3. 城区养老机构的优势

（1）贴近居民，贴近社区，满足就近养老需求

过去北京市养老机构建设以集中式、大规模的为主。由于城区建设空间有限，养老设施建设难度大，因此，80% 以上的养老机构分布在五环外，位置远离城区，配套服务设施不太完备。而有机构养老意愿和支付能力的老人大多在中心城区，养老供需不匹配，导致入住率不高，床位空置较多。

街道（乡镇）养老照料中心作为"四级"养老体系中的关键一环，一般就在社区附近或嵌入社区之内，各类设施配套完善，地理位置优越，交通方便，入住需求大。老年人能在熟悉的环境中享受专业的养老服务，实现"离家不离街"或是"养老不离家"，子女亲友探望方便，满足了老人的心理和情感需求。此外，在城区，成熟的社区一般公共服务资源充足，方便老人就近就医。

（2）满足多元服务需求，增加居民获得感

这种位于城区的中小型养老机构既可以为社区周边生活半自理、轻度失智失能老人提供机构养老服务，又可以提供短期日托、上门服务，结合家庭养老、社区居家养老和机构养老的优势，实现机构、社区、居家养老联动，能满足不同情况的多元化养老需求。

（二）城区中小型养老机构存在的问题

1. 共性问题

（1）建设空间有限

城区的中小型养老机构贴近社区，能让老人在家门口享受专业化养老服务，但也存在用地紧张、建设空间有限的问题。一方面导致老人活动场所有限，另一方面影响规模和盈利。例如，西便门附近的养老机构位于写字楼内，虽然有室内公共活动空间，但缺少室外活动场所。中心的全托床位不多，需求很大，负责人希望能增加床位，扩大经营面积，但由于空间有限、租金高而一直没能实现。另一家养老机构位于居民小区内，虽然有室外场地，但空间有限，而且出门就是马路，为了老人安全，不得不实施半封闭管理。

（2）"三重制约"下的小型养老机构盈利难

一般而言，根据行业发展规律，养老机构的床位至少要在50张以上才能盈利，100张床位的养老机构入住率要在70%~80%才能盈利，小规模的机构入住率要求更高。受社区规模、社区老年人数、社区用地、建设资金限制等，城区的养老机构通常规模不大，很难形成规模效应。

按照出台的规划和文件，养老照料中心是北京市养老体系中的重要一环，是"区域综合性养老服务平台"，需要发挥综合辐射功能，对周边的老人开展社区居家服务，满足居民的多元化养老需求，必须按要求配备各类专业人员、服务人员和服务设施。可以说是"麻雀虽小、五脏俱全"，这样的设置无形之中增加了养老机构的成本压力。

同时，为了体现公益性，养老照料中心的收费价格还有一定的限制。即使在寸土寸金的金融街，养老收费也是 4000～7200 元/月，无法弥补租金和物业的支出。

这样，城区的养老机构受到经营规模、多元服务、收费定价的三重制约，经营者无法依靠规模效应和高端收费服务来挣钱，难以达到收支平衡或只能略有盈余。

2. 不同类型的养老机构面临三个"不可持续"

我们调研的这几家养老机构，虽然规模类似，位置都在城区，但性质不同，经营团队不同，运营状况也有所区别。

（1）公办公营——缺少专业化服务，照料不可持续

我们调研的街道办养老机构采用"收支两条线"的财务管理办法。为了体现公益性，公办养老机构的收费较低，其收入除了老人缴纳的费用外，主要靠街道投入和运营补贴。在街道财力有限的情况下，存在缺少专业人员、设施不足等问题。一是设施有待改进。受场地限制，老人房间面积较小，没有独立卫生间，只有公共卫生间和淋浴房。二是缺少医疗和康复服务功能。虽然该养老机构与附近的三甲医院签订了合作协议，也为老人每年提供免费体检，但养老院没有专业医疗护理人员，也缺少医疗康复器械。三是工资待遇较低，专业的护理人员不足。机构从业人员拥有执业资质的不到 60%，无法为不同身体状况的老人提供专业的持续照料。普通员工的月收入为 2000 多元，院长的月收入也只有 3000 元左右，而同期市场上护工的收入大多在 5000 元以上。较低的工资无法招到足够的、专业的护理人员。目前老人的护理工作主要由下岗的"4050"人员或退休的临时工承担，除了照顾老人还要兼送餐、清扫等工作。服务人员和老人的配比在 1:10 左右。由于照护比低、护理不够专业，无法照顾半自理、不能自理老人，不能在老人身体状况出现变化时为老人提供持续照料，老人一旦身体出现状况就需要转院。

（2）民办公助——租金成本高，财务不可持续

对于中小型嵌入式养老机构而言，它们贴近居民、贴近社区，具有一定的优势，但由于位于较繁华的城区，因此也面临租金物业成本较高的困难。例如，位于月坛的养老机构，建筑面积1000多平方米，如果按市场价，同一楼宇同等面积的租金要200万元一年。由于物业同属一个企业集团，能够取得内部优惠租金65万元一年。尽管已是大幅优惠，但仍然是一笔巨大的开支，再加上物业管理费13.5万元一年，房租和物业的成本将近80万元。而在昌平，一个建筑面积近4倍的养老机构，一年租金只有40万元，不到它的2/3。从城区和郊区写字楼租金的比较中，我们也能看到巨大差距。城区写字楼租金一般在5~30元/平方米·天，而郊区写字楼租金为1.6~5元/平方米·天，同是面积1000平方米的机构，一年的租金相差120万~910万元。巨大的租金开支需要较高收费或较大规模来摊薄成本，而养老照料机构受到价格限制和空间限制，难以维持收支平衡。

（3）公建民营——人力成本较高，人才不可持续

公建民营养老机构的护理团队比较专业，但人力成本较高。该机构服务人员大多是养老相关专业的大专学生，接受过正规的老年护理技能培训，掌握了先进的护理理论知识和扎实的操作技术，并取得了国家中、高级养老护理员证书，护理人员的工资水平较高。该机构有护理员35名，入住老人86位，照护比低于1:3，造成了较大的人工支出，人工支出占总收入的80%以上。而在日本，一家标准型养老机构的人工成本占总收入的50%~60%。过高的人工支出导致即使没有租金、物业支出，养老机构也难以维持收支平衡，甚至会出现轻微亏损。而且随着北京老龄化形势的日益严峻，未来如果没有足够年轻人从事养老护理工作，势必要再引入养老护理人员，这和当前的人口调控政策也存在矛盾。

八　北京市养老服务的对策建议

（一）增加有效供给，满足老人不同层次的需求

1. 完善老年人口数据监测分析制度

以社区家庭医生签约建立健康档案、养老院入住评估为突破，定期收集老年人口健康状况信息和养老需求。

2. 鼓励社会参与，开展专业化、特色化、定制化养老服务

培育、支持社会养老服务团队发展。可以通过政府采购、服务外包、自身发展等方式，根据老年人的多元化需求，开展专业性、特色化、订单式服务。

（二）加快完善多支柱养老支付体系，提高支付能力

完善以养老金为基础，保险、补贴共同支撑的养老支付体系，减轻老年人养老负担，解决其后顾之忧。建立精准补贴机制，根据老年人不同的收入状况、家庭经济情况，分别以低保、低收入、城镇企业月平均养老金为标准，形成不同的补贴制度。借鉴试点经验，探索建立长期护理保险。

（三）深化养老机构改革，提高养老服务质量

1. 建立以老人为中心的质量评价和管理体系

充分考虑老人需求，以提高老年人满意度和改善老年人生活照护质量为目标，设计质量评价体系。

2. 推动医养结合，提高养老机构专业护理能力

加大政策统筹，推动养老机构通过设立医疗机构、建立绿色通道等多种方式，保证老人能迅速到合作医院接受治疗。推动养老机构内设医院医保定点资质认定工作，满足入住老人就近拿药、费用报销等需要。加强养老机构与医疗机构合作，将医疗服务向社区、养老机构辐射，定期上门巡诊，并将社区卫生服务中心等部分医疗机构，转型为老年康复院、老年护理院等服务机构。

3. 多措并举，促进养老人才队伍建设

加大养老人才培养力度，形成高、中、低端人才梯队。针对养老护理人员缺乏的问题，一是开设养老相关专业，培养高端管理人才和护理人才。二是组织"4050"人员等就业困难群体进行养老、护理技能培训，充实一线养老护理人员队伍。三是畅通养老人才职业发展通道。提高养老人才薪酬福利，建立完善养老护理技能评级和相应待遇体系，提供职业发展空间。

（四）大力发展养老驿站等城区小规模养老机构

1. 明确标准，建立可持续的养老服务体系

综合考虑财政财力支持的可持续性、不同等级护理的可持续性以及居民的需求和消费水平实际，建立多层次、多元化、可持续的养老照料体系，形成"政府保基本、中端有选择、高端有市场"的养老格局，促进养老服务业的健康可持续发展。一是充分考虑财政可承受能力和可持续性，明确政府"保基本、兜底线"的标准，建立承担"保基本"功能的养老院的设计标准和护理标准。二是按照"基本"和"兜底"标准建设、改造养老院。三是按照护理标准配备专业的养老护理员。

2. 连锁经营，推动财务可持续

一是推广连锁经营的方式，多个连锁服务点形成服务网络，推动日间照料、居家养老、机构养老联动，统一调配物资和人员，共同均摊成本、降低运营成本。二是尝试搭载增值服务，与养生配餐、保险理财等合作，成为养老企业服务平台，增加机构利润。

3. 规范公开，明确养老机构公建民营评审办法

坚持公开透明原则，进一步完善规范养老机构公建民营、公办民营的管理办法和评审、监督管理程序。一是明确双方权利义务，对操作规程进行详细规定，力求各个环节做到公平公正，保证有序竞争。重大项目可以实行公开招投标或邀请招标，一般项目可以在坚持公开、公正、公平、择优的基础上尝试竞争性谈判

的方法，商议收费标准、补贴等，确保公益性和国有资产不流失。二是规范可以承载的增值服务内容和产品，确保服务质量。

4. 分类施策，细化照护比例标准和考评指标

制定更细致的护理标准和考评指标。考虑不同身体状况的老人需要的护理人员数量不同，不应过于追求高照护比。按照老人自理程度，制定重度照护、中度照护和轻度照护标准，减少不必要的人员。以我们调研的公建民营机构为例，该机构目前有 35 名护理员，入住老人 86 人，照护比低于 1:3。其中，半自理老人 25 人，如果按中度照护比 1:6，则需要 5 名护理员；非自理老人 27 人，如果按重度照护比 1:2，则需要护理员 14 名左右；自理老人 34 人，如果按轻度照护比 1:10，则大约需要护理员 4 名。三项共计需要护理人员 23 名，可以比现在的护理人数减少 12 名，可节约 30% 左右的人力开支①。

5. 鼓励创新，建立智慧养老先行区

北京市作为科技创新中心，具有科技和人才优势，应率先推广智慧养老。一是扩大智慧养老社区试点；二是推广支持智慧养老设备，包括可穿戴监测设备、呼叫设备等；三是支持养老机构使用智能监测设备，减轻人工工作量。

第三节　北京市医养结合服务模式的若干问题

医养结合是近几年逐渐兴起于各地的一种新型养老模式。由于其将现代医疗服务技术与养老保障模式有效结合，实现了"有病治病、无病疗养"的养老保障模式创新，已经成为政府决策部门关注的热点问题。自 2013 年起，国务院和各部委相继出台的若

---

① 照护比参考上海市地方标准《养老机构设施与服务要求》，比该标准略高。该标准综合考虑到不同时段在岗人员配比、三班倒和每月实际工作日等因素，折合成不同照护等级的照护比，分别为：重度照护比约为 1:2.5，中度照护比约为 1:6.6，轻度照护比约为 1:12。

干政策都涉及促进医养结合的相关内容。其中,《关于加快发展养老服务业的若干意见》(国发〔2013〕35 号)提出要"积极推进医疗卫生和养老服务相结合";《关于促进健康服务业发展的若干意见》(国发〔2013〕40 号)规定"建立健全医疗机构与养老机构之间的业务协作机制,鼓励开通养老机构与医疗机构的预约就诊绿色通道,协同做好老年人慢性病管理和康复护理"。

2014 年 8 月,北京市出台了《关于进一步推进本市养老机构和养老照料中心建设工作的通知》(以下简称《通知》),在养老机构医养结合等方面提出多项措施。

一 推动"医养结合"的背景

(一) 养老服务离不开医疗护理

2013 年,我国老年人口数量突破 2 亿大关,达到 2.02 亿,老龄化水平达到 14.8%。其中,失能老人超过 3300 万,约占老年人口的 1/6。我国是全世界失能老人最多的国家,失能老人照顾护理是急需解决的问题。老年人,特别是失能的老年人绝大多数都患有慢性病,需要根据各自的健康状况,在生活护理的基础上,进行医药治疗、饮食调理、躯体康复护理等全方位有计划的护理。

《全国城乡失能老年人状况研究》表明,目前在全国的养老机构中,配备有简单医疗室的机构不足六成,其中民办养老机构占56%,政府办养老机构占 52.1%,农村五保供养机构仅占 41.7%;而配备康复理疗室的机构不到 20%。22.3% 的养老机构既没有单独的医疗室,也没有专业医护人员;西部农村 60% 以上的养老机构缺少专业医护人员。

北京的情况更为突出,无法完全满足对老年人长期护理和医疗护理的要求。目前,北京现有的 400 余家养老机构中,仅有 62家设有医务室,占 15.5%,其中只有 36 家纳入医保定点。全市近4000 家托老所和街乡镇养老照料中心,只有极少数具备医保定点资格。现有养老机构中护理型床位占比约为 46%,与"十二五"

规划的 50% 的目标还有差距。具有医疗条件的养老机构一床难求，内设老年医院的北京市第一福利院预约床位登记排到 7000 多号，需要等上十几年。

（二）大型医院无法为老年人提供长期住院服务

由于在大医院里有专业的医护人员，还能享受医保报销，能接受比养老院和社区医院更好的医疗和养护服务，一些老年患者已经可以回家却拒绝出院，甚至在医院住一两年，在床位紧张的情况下，影响了医疗资源的有效利用。此外，医院由于住院天数指标的限制，可能强制要求老年患者出院或转院，不利于老年人的恢复也容易造成医患矛盾。

二　医养结合的实现路径

《通知》明确，今后北京市所有养老机构和养老照料中心，将通过独立设置、配套设置或协议合作三种方式，全部具备医疗条件。"独立设置"是指有条件、有能力的养老机构可独立设置医疗机构，并向政府部门提出医保定点的申请；"配套设置"是指养老机构可内设医务室、卫生所（室）等，或引入周边的社区卫生服务中心（站），来满足老年人的医疗需求；"协议合作"是指周边医疗资源丰富、自身难以独立设置医疗机构的养老机构，可与周边有医保定点资质的医院签订合作协议，开辟绿色就诊通道。

北京各区将支持企事业单位多种途径利用闲置资源建设养老机构或养老照料中心；鼓励社会力量举办家庭化、小型化、连锁化的养老机构；支持有专业规模的养老机构开展连锁经营；探索将医院空置资源引入养老服务，进一步推动医疗和养老资源结合。

三　"医养结合"面临的难点问题

（一）钱从哪儿来？居民能否负担？——医疗人员设备资金来源和居民承受能力

《通知》规定今后本市所有养老机构和养老照料中心必须全部

具备医疗条件，这就需要配备更多的仪器设备和专业医护人员。如果是"独立设置"，则需要大量的资金投入，"配套设置"和"协议合作"也涉及谁来买单的问题。这些问题的解决需要进一步出台详细的配套政策措施。此外，如果在养老服务费的基础上增加医疗服务的收费，老年人能否承受？

（二）专业医护人员从哪儿来？——大力发展复合型专业人才

医养结合需要大量具有专业医学知识的养老服务人员。然而目前养老机构普遍面临招工难、流失率高等问题，不少养老护理员的技能主要局限于基本生活照料，难以满足老年人的心理慰藉、精神关怀、康复训练等较高层次的需求。推动医养结合，可能会面临人员短缺问题。

（三）如何调动社会力量的积极性？——鼓励社会力量进入

推动"医养结合"单靠政府的力量远远不够，需要发挥社会力量的积极性。虽然公办养老院大都拥有良好的设施条件，但床位紧张，一床难求。要推动养老服务业发展，政府应优先解决低收入失能老人的基本养老问题，把市场交给社会，给社会资本更多发展空间。

（四）出了问题怎么办？——防范医疗纠纷的风险

目前，医疗机构普遍面临医患矛盾突出的问题。养老院内设医疗机构或开展其他形式的医养结合，也难免会有发生医疗纠纷的风险。开展了医疗服务的养老机构又涉及多个管理部门，如果缺乏明确的专项法律法规依据和养老纠纷仲裁机构，很难界定和落实各自的责任与义务，容易造成老人及其家属、养老机构、主管部门之间因各自利益冲突而产生矛盾和纠纷。

四　政策建议

（一）尽快完善"医养结合"政策体系

民政、卫生、社保等部门应联合制定医养结合服务发展的规划意见和相关扶持政策。制定医养结合服务机构的准入条件、设置标准和从业人员上岗标准等一系列规范。出台具体、细化、可操作的扶持政策。

（二）建立完善老年人综合保障，减轻养老医疗负担

建立老年人长期护理保障。对低收入失能老人提供养老补贴。在对老年人经济、身体健康状况评估的基础上，给老人不同程度的补贴，分担老年人因长期医疗护理、医疗专护或者居家医疗护理照料产生的部分费用。完善医疗保险政策，扶持有条件的养老机构设置医疗机构并申请纳入医保定点范围。

（三）增加老年人医疗护理服务供给

丰富老年医疗服务资源。支持医疗卫生资源进入养老机构、社区和家庭，鼓励综合医院开设老年病科，更好地满足老年人医疗和康复的需求。

培养具备老年医学知识的养老服务人才。加强养老服务人才培养。建立人才培养体系和人才发展规划，探索开展养老服务专业学历教育，培养老年服务管理、医疗保健、护理康复、营养调配、心理咨询等专业人才，推行从业人员职业技能培训和持证上岗制度。

稳定养老服务人才队伍。对养老护理岗位进行公益补贴，如在养老机构工作满5年，可获得养老或医疗专业学习培训的学费返还，在职称评定等个人发展方面享有优先权利，增加队伍的稳定性。

（四）鼓励社会资本投入，尝试购买服务

一方面，推动公办养老机构承担基本养老服务，优先为失能、低收入老人提供服务，突出保底功能，释放高端服务市场空间。另一方面，制定和落实相关优惠政策，吸引更多的社会力量和民间资本参与医养结合服务。完善公办民营、购买服务等一系列政策文件。制定完善的购买服务、委托管理合同和考核办法。尝试以公开招标方式提供护理和护养安老照顾服务。

（五）建立健全专门的养老仲裁体系

科学地制定养老服务意外事故和纠纷处理办法。设立养老仲裁机构，由卫生、民政和司法等部门联合进行仲裁。依法公开、公正、公平地仲裁养老意外伤害事件，保障各方的合法权益不受侵害。

第四节　北京市托幼服务现状、问题和对策研究[①]

幼儿早期发展关乎国家乃至人类的未来。党的十九大报告首次将"幼有所育"作为保障和改善民生的重要内容之一。《中华人民共和国国民经济和社会发展第十三个五年规划纲要》指出，要"开展应对人口老龄化行动，加强顶层设计……促进人口均衡发展，提高生殖健康、妇幼保健、托幼等公共服务水平。做好相关经济社会政策与全面两孩政策的有效衔接"。完善托幼服务体系，有助于实现"幼有所育"的发展目标，有利于落实"全面二孩"政策，应对老龄化和少子化，推动人口与经济社会的协同和可持续发展。

一　完善托幼服务的重要意义

完善托幼服务是提高居民获得感和幸福感，适应新时代经济社会发展需要的必要举措。

（一）完善托幼服务符合人民群众的期待

党的十九大报告提出，我国社会主要矛盾已转化为"人民日益增长的美好生活需要与不平衡不充分的发展之间的矛盾"。托幼服务发展不足带来的工作－育儿冲突、家庭照料婴幼儿负担加重是大部分双职工家庭面临的主要矛盾。根据国家卫生健康委员会

----

① 本节的研究得到了北京市发改委社会处的大力支持，特此致谢！

的调查，我国托幼服务严重短缺，0～3岁婴幼儿近80%由祖辈负责看护，各类托幼机构的入托率仅为4.1%，而经济合作与发展组织（OECD）成员国的入托率通常在30%以上，个别国家入托率超过40%，其中，法国入托率达到49.7%、瑞典入托率55%、新加坡入托率高达近90%[①]。

托幼服务严重不足，孩子无人照料抑制了居民的生育意愿，影响了女性就业，增加了家庭成本。调查显示，在不愿生育二孩的母亲中，有60.7%是由于孩子无人照料而放弃再生育。在有3岁以下孩子的18～45岁城镇女性中，有近1/3的人因为孩子无人照料而被迫中断就业。由于缺乏托幼服务，育儿嫂和保姆行情不断上涨，加剧了双职工家庭负担[②]。

（二）有利于提高生育率，促进人口经济社会可持续发展

人口老龄化、少子化会影响到国家创新的活力，降低可持续发展的动力[③]。2016年中国老年人口超过15亿，65岁及以上老年人口占比达到10.8%；0～14岁人口总量为2.3亿，占总人口的16.7%[④]，已经处于"严重少子化"的阶段（见图3-10）。人口红利减少将是中国未来面临的重要挑战之一。

完善托幼服务有利于应对老龄化和少子化危机，促进人口经济可持续发展。一些发达地区的经验表明，托幼服务体系建设有助于降低孩子的生育和抚养成本，化解工作和家庭的矛盾冲突，提升生育水平。数据显示，入托率与生育率显著相关，入托率越

① 耿兴敏：《打造托育服务发展战略规划 破解3岁以下托育难题》，《中国妇女报》2017年11月29日，转自国务院妇女儿童工作委员会网站，http://www.nwccw.gov.cn/2017-11/29/content_186812.htm；MoreCare、腾讯教育：《中国0～3岁儿童托育服务行业白皮书》，https://new.qq.com/omn/20171206/20171206A0OKRI.html。
② 崔郁：《大力发展三岁以下托幼事业 让"二孩"生得起养得好》，中华女性网。
③ 贺军：《少子化现象的成因和影响》，安邦咨询，2018年7月17日。
④ 中华人民共和国国家统计局：《2017年中国统计年鉴》，中国统计出版社，2017。

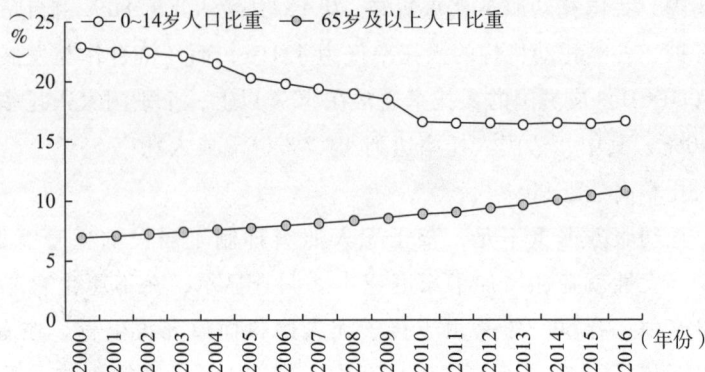

图 3 - 10   2000 ~ 2016 年中国 0 ~ 14 岁、65 岁及以上人口比重

低的国家生育率也越低。法国等重视托幼服务、入托率较高的国家，生育率也有所提高。2010 年法国的生育率达到了 2.0，远高于欧洲国家的平均生育率①。

二　北京市托幼服务基本情况及存在的主要问题

2003 ~ 2016 年，北京市 0 ~ 3 岁常住人口由 33.06 万人增长到 76.91 万人，增长了 1.33 倍②，年均增长 6.7%（见图 3 -

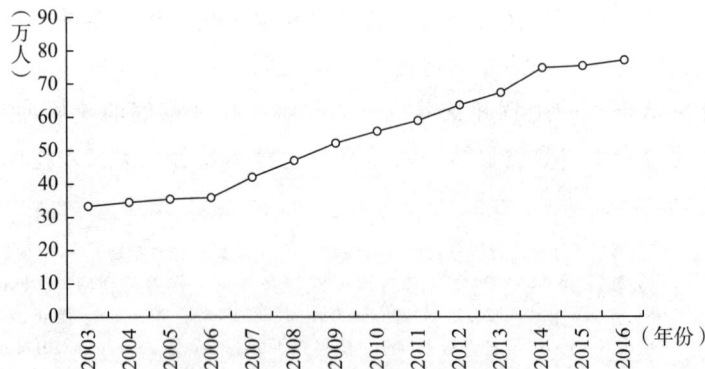

图 3 - 11   2003 ~ 2016 年北京市 0 ~ 3 岁常住人口增长情况

---

① 梁建章：《中国的现状就是托儿所仍严重短缺》，2017 年 11 月 9 日，猎云网：http://www.lieyunwang.com/archives/380724。
② 根据 2004 ~ 2017 年《北京市统计年鉴》数据推算。

11）。随着全面二孩政策的推行，以及社会对早期教育认识的提高，居民对 0 ~ 3 岁儿童托幼服务需求日渐强烈，对服务质量也有更高的要求，北京市托幼服务发展不平衡不充分的问题进一步凸显。

（一）北京市托幼服务早期开展情况

2001 年北京市开始实施《学前教育条例》，提倡和支持开展 3 周岁以下婴幼儿的早期教育。2002 年以来，北京市推进社区儿童早期教育示范基地建设，出台《关于开展社区 0 - 3 岁婴幼儿早期教育意见》（京教学前〔2002〕4 号）、《关于加强社区儿童早期教育示范基地建设的通知》（京教学前〔2003〕13 号），依托社区先后建立了 300 多个市级社区儿童早期教育示范基地，开展了内容丰富、形式多样的早期教育活动。实施 0 ~ 3 岁婴幼儿早期教育发展"宝贝计划"工程，开展婴幼儿家长培训和亲子教育服务，普及科学育儿知识。此外，民办幼儿园、早教中心和培训机构快速发展，承担了一部分托幼服务的功能。

（二）托幼服务存在的问题

1. 托幼机构匮乏，有效供给不足

从北京市居民需求来看，有 64.1% 的家庭希望孩子"在 3 岁之前接受早期教育"，34.90% 的家庭希望孩子能上"幼儿园亲子班"，21.24% 的家庭希望能有"离家近、有资质的幼儿看护点"，20% 的家庭希望能提供"社区公共早教"，13.93% 的家庭希望去"比较出名的早教中心或机构"[1]。

从北京市托幼服务的供给来看，一是公立、福利托幼机构严重萎缩。随着 20 世纪 90 年代国企改革深入，企业逐渐剥离社会职能，许多街道幼儿园、企事业单位托儿所因投入不足，负担过重而撤销。再加上出生人口的下降等因素，北京市幼儿园和托儿所

---

① 洪秀敏：《"全面二孩"政策下本市 0 ~ 3 岁人口增长预测及公共服务政策诉求研究》，硕士学位论文，北京师范大学，2015。

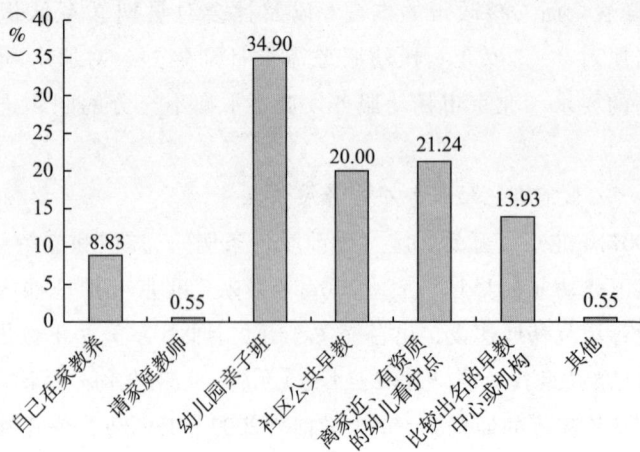

图 3－12　北京市居民期望的幼儿早期教育形式

的数量减少了 2/3①。过去部分公立幼儿园中设置了小小班、托班或亲子班招收 3 岁以下的儿童，承担了一部分托幼服务功能。然而，近年人口出现波段性生育高峰，流动人口快速增长，3～6 岁入园学额紧张，不少公立幼儿园取消了托班或亲子班，优先满足 3 岁以上儿童入园需求，托幼服务资源愈加匮乏。二是由于 0～3 岁儿童发展的特点，对托幼服务质量、卫生、安全等要求较高，而托幼机构服务质量参差不齐，部分机构收费较高，能同时提供托幼照料和教育服务的机构少，难以满足家庭尤其是双职工家庭的托幼需求。

2. 标准制度缺失，监管亟待加强

0～3 岁的幼儿托育服务缺乏发展规划和行业规范标准；社会主体开办托幼服务门槛较高，缺少政策支持。在市场上，提供托幼服务的早教公司和托幼机构，大多仅持有"教育咨询"的工商营业执照，其针对婴幼儿提供的教育缺少监管和行业标准。一些托幼机构，其场地、卫生、消防等存在安全隐患。个别机构管理

___
① 《本市拟出政策鼓励机关单位办幼儿园》，http://beijing.qianlong.com/2018/0531/2608444.shtml。

不善，出现虐童事件，造成较为严重的社会影响。

3. 服务人员不足，师资水平不高

0~3岁是幼儿生长发育的关键时期，需要关注幼儿的安全、健康照护和整体发展，对托幼服务人员有较高的专业要求。然而，目前幼儿托育服务从业人员良莠不齐，接受过儿童早期发展知识和训练的保健员、保育员、营养员等相关从业人员较为缺乏。从学校教育来看，专门针对0~3岁婴幼儿设置的早期教育专业很少，学前专科或本科毕业的学生在学校中往往侧重对幼儿教育的系统学习，关于0~3岁的早期教育方面的知识涉及较少，这造成了0~3岁师资的整体水平较差，大部分人员缺乏专业训练。从职业培训来看，育婴师、早期教育指导等培训含金量不高，社会认可度低。此外，托幼服务从业人员地位较低、压力巨大、待遇不高，缺乏晋升通道和发展空间，对人才缺乏就业吸引力。

三　托幼服务发展的国内外经验

（一）国际经验

从国际上看，世界各国都越来越重视托幼服务发展，把托幼服务视为政府责任的一部分。在经济合作与发展组织（OECD）成员国中，约1/3的0~3岁婴幼儿受到不同形式的正式照料[①]。

1. 政府高度重视，加大财政投入

一是政府越来越重视婴幼儿早期教育服务发展。

许多国家的经验证明，仅仅依靠市场调控既不能解决幼儿教育公平问题，也不能保证教育质量，政府在推动幼儿早期发展中应起到重要的作用。俄罗斯曾经在20世纪90年代经济转型中将幼儿园推向市场，造成了学前教育体系崩溃、幼儿受教育机会难以保证的问题。近年来政府积极出台各种新政策，要求全面"恢复"

---

① MoreCare、腾讯教育：《中国0~3岁儿童托育服务行业白皮书》，https://new.qq.com/omn/20171206/20171206A00KRI.html。

因为私有化而受到严重损伤的国家学前教育系统，加大财政投入。在古巴，教育被认为是国家的事，出生45天到6岁的儿童均可以入幼儿中心，费用由国家承担①。

二是制定法律法规，幼儿教育有法可依。

美国国会1979年通过《儿童保育法》，1990年通过《儿童早期教育法》和《儿童保育和发展固定拨款法》。1998年底美国联邦政府又提交了《1999年法案：向所有儿童提供优质教育》，2002年布什总统正式签署了《不让一个儿童落后法》。根据这些法律法规，政府不断增加对早期教育的投入，保证了早期教育的健康发展②。

三是制定发展规划和计划，幼儿教育有章可循。

早在20世纪30年代，美国就提出0～6岁儿童整体教育计划。1965年开始实施"开端计划"。20世纪90年代，又先后实施了由政府资助低收入家庭婴幼儿和孕妇的"早期优先计划"和强调从婴儿诞生的第一天起就要进行教育，要保证每个美国公民拥有世界上最好的教育的"头脑启动计划"。2008年以来，在美国总统奥巴马的教育政策中，有一项是投资100亿美元发展0～5岁儿童的早期教育。此外，还有英国的"确保开始计划"（Sure Start）、德国的慕尼黑儿童计划、爱尔兰的早期开端学前学校（Early Start）、波兰的儿童社区中心等。这些计划由中央政府统筹规划，各级政府组织实施③。

四是加大财政投入，完善托幼服务体系。

欧盟委员会保育协作组织1996年建议欧洲各国至少把GDP的1%投入学前教育和保育事业。2010年联合国教科文组织《莫斯科会议行动纲要》提出，各国学前教育公共财政投入应达到教育总

---

① 冯晓霞、周兢：《世界学前教育大会情况汇报》，百度文库。
② 周芳蓉：《浅谈国外0－3岁早期教育对中国早期教育的启示》，百度文库。
③ 申小菊、茅倬彦：《OECD国家3岁以下儿童照料支持体系对我国的启示》，《人口与计划生育》2018年第2期。

经费预算的 6%。墨西哥将学前教育纳入义务教育范畴，学前教育经费占到国家教育总经费预算的 9.7%，并于 2009 年实现了全民义务学前教育。莫斯科市为解决近几年需求高峰期入园难的问题，将教育经费预算的 30% 用于发展幼儿园，并将许多属于政府管理的大楼拿出来办幼儿园。

2. 切实加强儿童托育服务监管

一是严格审查私立托育机构的资质，符合条件才有可能获得政府补贴。二是加强对托育机构的监管。对托幼机构有质量评判标准，并通过内部和外部评价保证督导的权威性与客观性。建立问责机制，向公众提供监测结果信息等。三是对从事幼儿托育服务的教师设立严格的标准门槛和实施背景调查。美国法律规定，要对托幼从业人员实施严格的入职筛查，要成为一名幼儿教师，必须经过教育专业训练，通过美国教育部认可的必修课程，还要接受社交情绪管理能力培训等[1]。四是对虐童行为有严格的惩罚措施。韩国规定，幼儿园老师有任何程度的虐待儿童，该老师在 10年内不得再次上岗，所在的幼儿园也要关闭，10 年内不能再次开业。

3. 鼓励社会力量参与和多元化发展

美国的早期教育受到企业的大力支持和资助。据统计，目前全美约有 6000 家实力很强的企业或公司资助与支持托幼事业发展，因此美国约有 2/3 的托幼机构是非营利性的。

采取多种模式满足不同幼儿家庭需要。美国的幼儿托管中心根据孩子年龄分为婴儿看护中心、幼儿看护中心、学步儿看护中心、学龄儿童看护中心，还包括轻度生病儿看护中心；英国除了各种形式的托管中心，还有专门的游戏小组课程；在日本有"临时托儿所"，家庭主妇出门购物或是有紧急情况，可以把孩子送来

---

① 李宝芳：《"细密严"确保托幼机构健康发展》，《中国社会科学报》2018 年 3月 12 日。

寄托几个小时，10% 的照料机构提供夜间儿童照料服务[1]。

（二）国内经验

从国内经验来看，部分地区在完善托幼服务方面也进行了一些探索，其中上海、南京等地走在了全国的前列。主要经验有以下几个方面。

1. 建立完善托幼政策管理体系

早在 2006 年，上海市就制定了《上海市民办早期教养服务机构管理规定》，对民办早期教养机构的举办者、设置条件和申办程序等做出了明确规定。2018 年，上海市制定了《关于促进和加强本市 3 岁以下幼儿托育服务工作的指导意见》、《上海市 3 岁以下幼儿托育机构管理暂行办法》及与之配套的《上海市 3 岁以下幼儿托育机构设置标准》，探索构建"政府引导、家庭为主、多方参与"的托幼服务体系。

南京市于 2013 年、2014 年分别出台了针对 0~3 岁婴幼儿早期教养机构和保育机构设置的管理办法，明确了早教机构、保育机构的主管单位为人口计生部门，厘清了民政、工商、卫生、食药监等部门的工作职责。

2. 采取购买服务的方式新建社区幼儿托管点

上海市把"新建社区幼儿托管点"作为政府实事项目。实事项目由上海市妇联牵头，市教委、市卫计委、市民政局共同承担，采取政府购买服务方式，引入专业社会力量参与社区幼儿托管点的运营管理。

3. 制订行动计划，发展托幼服务网络

2017 年，南京市出台《0-3 岁婴幼儿早期发展工作提升行动计划（2017-2020 年）》，提出要用 4 年时间，探索建立婴幼儿早期发展服务管理模式，完善家庭、社区、机构"三位一体"的服

---

[1] 申小菊、茅倬彦：《OECD 国家 3 岁以下儿童照料支持体系对我国的启示》，《人口与计划生育》2018 年第 2 期。

务网络。

四　关于改进北京市托幼服务的对策建议

针对北京市托幼服务发展中存在的突出问题，建议从政策引导、加强监管、人才培养等方面着手，补齐北京市托幼服务短板。

（一）加强政策保障，完善托幼服务体系建设

一是尽快制定托幼服务发展规划和配套政策法规。建立完善托幼服务的法规和政策框架。出台托幼服务发展的指导意见和托幼服务机构设置管理办法。对机构准入门槛、申办程序、运营规范、师资要求、卫生、安全要求、监管责任等问题做出明确规定。明确托幼服务相关单位职责。明确托幼服务相关法规，提高违法成本。二是建立托幼服务投入保障机制，加大财政投入力度。支持鼓励有条件的幼儿园设置托班。支持社区利用便民服务综合体、腾退空间设立小规模托幼服务点，为家庭就近提供托幼服务。三是引导支持社会力量参与托幼服务体系建设。采取政府购买服务、财政补贴、税收优惠等方式，鼓励企事业单位、园区和商业楼宇建设托幼服务点。在资金、场地、人员等方面对托幼机构实施补贴与优惠。四是发挥政府托底保障作用，为低收入家庭、多子女家庭等提供托幼服务支持。

（二）完善监管体系，促进托幼服务健康发展

一是建立健全托幼服务管理体系。依托社会发展联席会平台，定期召开托幼服务联席会议，加强部门协作与信息共享，共同研究制定托幼服务的重要规划、重大政策。二是完善托幼服务安全监管体系。建立健全安全防护制度，加强对场地和设施设备的安全检查。加强安防监控系统建设，实现托幼机构监控全覆盖，设置 24 小时报警系统，实现与监管部门、家长手机终端实时监控联网。三是健全托幼服务监督管理体系。完善应用"街乡吹哨，部门报到"机制，建立市－区－街道（乡镇）托幼服务综合监管平台，畅通投诉举报渠道，加大对托幼服务市场违法违规行为的查

处力度。四是建立诚信评价档案,加强行业自律与行业建设。公开托幼机构的违法信息。建立托幼服务从业人员的黑名单制度。五是加强违法违规行为惩处力度。对虐童等行为实施零容忍。取消涉案教师教育资格,记入诚信档案并依法制裁。对于涉案机构勒令关闭、退出市场。

（三）加强托幼服务师资队伍建设

一是扩大幼儿保健、学前教育等相关专业招生规模,委托高等师范院校培养学前教育专业学生,探索建立幼儿早期发展从业人员培训课程、培养模式,增加托幼服务人才培养及供给。二是吸纳一批具有一定学历和幼儿抚育经验的全职妈妈,经专业培训后加入社区托幼服务队伍。三是严格规范托幼服务相关岗位的职业资格准入管理,加强人员背景调查、岗前培训、考试考核、持证上岗。强化职前、职中培训,提高从业人员的职业道德、职业知识和职业技能。四是畅通托幼人才发展通道,建立完善托幼人才技能评级和相应待遇体系,提高托幼服务人才薪酬福利,出台民办托幼机构工资指导线。

第五节　北京市学前教育发展问题和对策①

一　北京市学前教育发展情况

学前教育是影响居民生活品质的重要民生问题。党的十九大明确提出要"办好学前教育",在"幼有所育"方面取得新进展。

近年来,北京市以实施"学前教育三年行动计划"为契机,大力推动学前教育发展,一定程度上缓解了"入园难,入园贵"的问题。

---

① 在本节的写作过程中,中国教育科学院高丙成老师提出了许多宝贵的建议,特此致谢!

（一）扩大学前教育资源供给

北京市从 2010 年开始实施学前教育三年行动计划，通过新建改扩建、办园条件达标、鼓励扶持部门办园和民办园等方式扩大学前教育资源。2011～2016 年，幼儿园数量由 1305 所增加到 1570 所，增加了 265 所。专任教师数由 2011 年的 2.4 万人，增加到 3.6 万人，增加了 1.2 万人。每千人幼儿园数量由 6.46 所提高到 7.23 所。新建改扩建幼儿园 843 所，办园条件达标 700 余所，增加学位 10 万余个，"入园难"问题得到了一定程度的缓解。

（二）学前教育经费保障力度增强

在学前教育经费保障机制方面，北京出台《北京市扶持学前教育事业发展项目经费管理办法》，对各类型幼儿园实施奖励补贴政策，努力实现"预算有科目、增量有倾斜、投入有比例、拨款有标准、资助有制度"的要求。在学前教育投入力度方面，北京市、区两级财政持续加大学前教育经费投入，学前教育财政经费额度和占比呈现"双增长"。2017 年全市学前教育财政投入 78.18 亿元，相比 2011 年的投入额度增长了 3.4 倍；同期学前教育经费在财政教育经费中所占比例也由 2011 年的 3% 提高到 8%。2018 年，全市财政年初预算安排学前教育资金 92 亿元，占全市财政教育经费预算的 10%，预计到 2020 年，学前教育经费在财政教育经费中所占比例将进一步提升至 14%。

（三）学位仍面临较大缺口

虽然近年来北京市从经费投入、项目建设等方面都对学前教育给予较大支持，但学前教育学位仍然面临较大的供需矛盾。按照 2015 年至 2017 年实际出生人口数计算，到 2020 年本市户籍人口中学前教育适龄儿童 45.5 万人，非户籍适龄儿童 28 万人，按照教育部要求的 85% 的入园率测算，本市仍面临约 17 万个学位缺口①。

---

① 财新网：《北京"入园难"学位缺口约 17 万个》，2018 年 6 月 21 日，http://china. caixin. com/2018 - 06 - 01/101261179. html。

二 北京市学前教育学位缺口的原因分析

（一）投入不足，历史欠账太多

学前教育是素质教育的起点，是终身教育的奠基阶段，对个人的未来发展十分重要。北京市幼儿园在园儿童数量占各级各类在校学生数量的 10% 左右，而学前投入占教育投入的比重不高，和发达国家相比还有一定的差距。虽然从 2010 年起开展了三期"学前教育三年行动计划"，但历史欠账太多，公办园学位不足。

（二）办园体制转变，缺乏配套支撑

北京市幼儿园发展经历了由政府办国有集体为主，到"以社会力量办学为主体"，再到"政府主导、社会参与、公办民办并举"的过程。在办园体制两次转型中，配套制度滞后，导致学前教育发展不足。

一方面，从学前教育"公办为主"到"社会化"过程中，对民办园规范、资助不够，市场未能形成足够数量的优质学前资源。1978 年，北京市有幼儿园 5074 所，其中大多数是由企事业单位自己开办的作为"员工福利"和"后勤保障"的托儿所。20 世纪 90 年代，随着国企改革深入，在国家"幼儿园社会化"的指导下，许多企事业单位将幼儿园推向社会。2001 年发布的《北京市学前教育条例》指出："北京市举办学前教育机构以社会力量办学为主体，发挥政府举办的学前教育机构在提高教育质量方面的示范和引导作用。"但对社会力量办园体制、政府权责、教师待遇、教育收费等缺乏相应的配套规定。许多街道幼儿园、企事业单位托儿所因投入不足，负担过重而撤销。截至 2010 年，北京市幼儿园的数量减少到 1266 所。民办园虽然有一定发展，但缺乏支持，不够规范，未注册的"自办园"较多，不能满足居民需求。

另一方面，在"政府主导、公办民办并举"时期，相关法规制度没有及时调整。2010 年，《国家中长期教育改革和发展规划纲要（2010－2020 年）》提出"建立政府主导、社会参与、公办民办并举的办园体制。大力发展公立幼儿园，积极扶持民办幼儿园"。2010 年底，国务院《关于当前发展学前教育的若干意见》印发，提出发展学前教育，必须坚持公益性和普惠性，努力构建覆盖城乡、布局合理的学前教育公共服务体系，保障适龄儿童接受基本的、有质量的学前教育。虽然近年来北京市高度重视学前教育，通过推进三期"学前教育三年行动计划"、预算重点倾斜等方式鼓励、支持部门办园，大力支持普惠性民办园发展，"入园难"有了缓解，但 2001 年发布的《北京市学前教育条例》一直没有修订。对普惠性民办幼儿园的办园条件标准、保教费收费标准、财政补助标准缺少法规和制度化规定和保障。

（三）相关规划指标没有完全落实

在一些居住社区，公共服务幼儿园指标没有完全落实，或者被其他设施占用。例如，回龙观地区按千人指标，幼儿园建筑规模应该达到 111955.18 平方米，而幼儿园实际建筑规模只达到规划标准的 57.4%[①]。

（四）人口变动的影响

从 20 世纪 90 年代末到 21 世纪初，随着出生率下降和生源减少，许多幼儿园自然撤并。然而，人口增长会出现波段性生育高峰，再加上流动人口快速增长，新市民子女学前教育需求不断增加，学前学位尚不能满足户籍人口，对新市民的需求更无力保障。此外，受近期放开"二孩"政策的影响，2019～2021 年，北京市0～3 岁人口将达到一个小高峰，学前教育学位会更加紧张。

三　北京市学前师资缺乏的症结所在

（一）劳动付出和收入不匹配

在自主择业、行业待遇差距巨大的大背景下，幼师行业待遇不

[①]　城市象限课题组"基于大数据应用的人口高密度地区公共服务品质提升规划研究——以回龙观、天通苑为例"课题数据，2017。

高，地位较低、压力巨大、上升通道有限，对人才缺乏吸引力。从待遇来看，调查显示，北京地区编制内幼师的平均工资在 4700 ~ 5500 元（远低于 2016 年北京月平均工资 7706 元）[①]，民办园幼师工资只有三四千元，未注册的"黑园"老师工资只有 1000 ~ 1200 元。从发展空间来看，幼师在职称评定上不占优势。从工作压力来看，调查表明，88.5% 的幼师被访者感觉自己经常处于疲惫不堪的状态；86.7% 的被访者总担心出事故；65% 的被访者反映常常感到烦躁[②]。

（二）编制不足，同工不同酬

按教育部印发的《幼儿园教职工配备标准（暂行）》，全日制幼儿园教职工和幼儿比应该达到 1:5 ~ 1:7，一个幼儿园 6 个班 180 个孩子的幼儿园应该至少有 25 名教职工，而实际上正式编制远远不够。一些幼儿园聘请实习老师、外聘老师，与在编幼师同工不同酬。

（三）人才培养不足，进入幼教队伍人员素质有待提高

幼师培训多以中职、大专为主，本科以上的高层人才缺乏。全北京只有四所院校有幼师本科专业，本科以上的学前教育毕业生只有几百人，而全市有 1400 多个幼儿园，存在巨大人才缺口。

四 北京市学前教育对策建议

一是修订《北京市学前教育条例》，明确构建以公办幼儿园和普惠性民办幼儿园为主体、公办民办并举的多种形式的学前教育公共服务体系。以法规的形式保障公办、普惠性民办幼儿园办园条件标准、保教费收费标准、财政补助标准的统一。加强对民办园的规范和监管。积极推进"自办园"注册。进一步提高学

---

① 宿慧娟：《幼师缺口达 380 万专家建议加大学前教育投入》，《华夏时报》2017 年 12 月 11 日，第 2 版。

② 梁慧娟、冯晓霞：《北京市幼儿教师职业倦怠的状况及成因研究》，《学前教育研究》2004 年第 5 期。

前教育投入在教育投入中的比重。提升民办普惠性幼儿园质量。实现普惠性幼儿园质量相同、价格相同、补助相同、教师待遇相当。

二是加强学前教育师资队伍建设。加强幼师学校和专业建设，扩大招生规模，加强人才培养。开展幼师技能培训，提高学前教育师资水平。畅通学前教育人才职业发展通道。建立完善学前教育人才技能评级和相应待遇体系。打通民办园幼师职称通道，保障民办幼师任教资格、职称评定、评先评优以及各种应有的福利待遇。提高学前教育人才薪酬福利，在编制稀缺的形势下，采用"购买师位"的方式，实现编制内外幼师同工同酬。出台民办园工资指导线，提高幼师待遇。

三是研究解决中心城新建和改扩建幼儿园所面临的建设标准问题。研究利用腾退空间解决幼儿园面临的土地性质、房屋性质等实际困难，提出可操作的指导意见。

第六节　北京市体育产业发展研究①

一　北京体育事业发展历程

改革开放以来，体育事业发展的历程大致可以划分为三个阶段：竞技体育优先发展时期、竞技体育与群众体育协调发展时期、体育科学发展转型时期。当前，北京市的体育事业正处于科学发展转型时期，体育发展理念和发展模式需要进行一系列的改革。

（一）竞技体育优先发展时期

即 20 世纪 70 年代末到 80 年代初。改革开放初期，在参加 1980 年莫斯科奥运会的压力下，为了展示国家发展的实力，增加全民的自信心和凝聚力，国家确立了"以发展高水平竞技为先导，

---

① 本节的研究得到了北京市体育局、北京立方研究院李军博士的大力支持，特此致谢！

带动体育事业全面发展"的"竞技体育优先发展"战略。竞技体育的举国体制得到了空前发展,体育竞赛项目按照奥运会项目设置,并给予夺金项目重点支持,在此背景下,我国的竞技体育水平迅速跻身亚洲体育强国的行列,并走向世界。

(二)竞技体育与群众体育协调发展时期

20世纪80年代末至90年代初,国家在经济社会发展思路上提出了"可持续发展"战略。在体育领域,也相应地确立了竞技体育与群众体育协调发展的战略。1995年,《中华人民共和国体育法》正式颁布,该法明确指出:"体育工作坚持以开展全民健身活动为基础,实行普及与提高相结合,促进各类体育协调发展。"同年,颁布了《全民健身计划纲要》和《奥运争光计划纲要(1994年–2000年)》,对中国体育协调发展的战略思想进一步丰富和细化。这一时期,群众体育工作明显加强,竞技体育水平也持续提高。

(三)体育科学发展转型时期

21世纪以来,党的十六大确立了"科学发展观"这一重要思想。2002年,中共中央国务院发布《关于进一步加强和改进新时期体育工作的意见》,提出了体育在经济社会发展中的重要地位和作用。在科学发展观的指引下,我国提出"绿色奥运、科技奥运、人文奥运"的理念,坚持"全民健身与奥运同行",带动了群众体育的快速发展。

2008年北京奥运会后,北京市的体育发展迈上了一个新的台阶,群众体育蓬勃发展,形成了完整的全民健身体系,场馆设施显著改善,重大赛事的组织和运作水平明显提高,体育产业也进入了快速发展的阶段,建设国际体育中心城市的基础条件已经基本具备。但是,北京市的基层体育设施还不能满足群众日益增长的多元化需求,职业化、市场化与现有体制之间的张力日渐增强,与世界接轨的路径需要厘清,一些深层次的体制、机制还需要进一步理顺。在这一时期,以建设国际体育中心城市为目标的北京体育事业面临更深刻的转型和变革。

二 体育产业发展的重要意义

（一）体育产业发展有利于塑造人的品格

发展体育产业，形成良好的体育健身氛围，能够发扬不断超越自我、突破极限、积极向上的竞技体育精神，发挥体育对塑造人格、砥砺精神的作用。

（二）体育产业发展有利于推动"健康战略"

体育是卫生工作前移和健康城市建设的重要抓手。党的十九大提出了"健康中国"战略，政府高度重视预防对健康的作用，大力开展"少盐、少油"、"控烟"等健康促进行动，培养居民养成健康的生活方式和生活习惯。大力发展体育事业和体育产业，培养群众对体育运动的兴趣，有利于形成积极锻炼的习惯，增强居民体质，推动健康城市建设和健康中国战略的实施。

（三）体育产业发展有利于促进经济增长方式转变，推动高质量增长

运动休闲产业、赛事表演、智能体育等产业都是绿色产业，发展潜力巨大。促进体育产业和旅游、文化、金融、科技等产业融合发展，推动产业结构转型升级，有助于经济增长动力转换，推动高质量增长。

（四）体育产业发展有利于促进社会稳定

当前，北京市人均 GDP 已经超过 1 万美元，在新的发展时期，由于社会急剧转型、贫富差距扩大、社会阶层分化，各种矛盾冲突也更加尖锐，处于相对弱势地位的个人可能产生相对剥夺感，同时大城市中生活节奏快，压力大，各种犯罪会呈现增长趋势。体育活动不仅能够强身健体，还能培养人们努力拼搏的精神和健康的人格，同时通过运动，发泄冲动，缓解疲劳，释放心理压力，从而达到促进社会稳定的目的。

三　北京市体育产业发展的主要特征

（一）体育产业发展规模稳步增长，发展质量不断提升

2016 年，北京市体育产业总收入 1154.6 亿元，北京市体育产业增加值达到 234.1 亿元，占地区生产总值的 0.9%；体育从业人员 14.4 万人。其中，体育服务业实现增加值 215.3 亿元，占体育产业增加值的比重为 91%。体育竞赛表演市场日趋活跃，中国网球公开赛、北京马拉松、世界斯诺克中国公开赛等赛事品牌影响力和商业价值明显提升。体育健身休闲、健身服务和健身培训业快速发展，对满足群众多层次、多形式的健身需求，活跃体育消费市场起到重要作用。

（二）各类体育场地数量稳步增长，体育产业发展基础增强

2000～2012 年，北京市各类体育场地数量由 2815 个增加到 6156 个，增长了 1.19 倍。其中，体育场由 35 个增加到 94 个，体育馆由 24 个增加到 37 个，游泳场馆由 214 个增加到 447 个，各类训练房由 863 个增加到 1742 个。

四　北京市体育产业发展存在的问题

（一）产业市场仍需培育，居民体育健身和消费意识有待提高

加快体育产业发展需要坚实的市场基础，而扩展体育人口、经常性的群众健身、发展群众体育，是培育体育市场、刺激体育消费的前提保证。近年来，北京市的体育事业有了长足的进步，但也存在不少问题。虽然体育人口达到 49.1%，但从年龄结构来看，两头热、中间冷。目前以"全民健身工程"为主的健身设施，受到老年人群的欢迎，中青年人群参与较少，在职人群运动较少，主动锻炼、将体育视为兴趣的较少。北京有很大一部分居民的体育锻炼层次较低，停留在利用全民健身设施锻炼、广场舞等免费健身阶段，体育消费不足。据调查，北京市有 38.7% 的居民年人均体育消费在 100 元以下（含不消费），而早在 20 世纪末，在全美体

育总产值中，平均每 1 美元中来自体育健身休闲活动市场的收入为
0.68 美元，美国人每挣 8 美元，就有 1 美元花在健身运动休闲上。

居民体育健身闲暇时间不足，在职人员闲暇时间少也是影响
体育健身的主要因素。一项针对北京市国有企业白领体育健身的
调查显示，65.8% 的被访者认为"闲暇时间少"是影响体育健身
的重要因素。在职人员面临工作、生活的压力，能用于体育健身
的时间较少。

（二）体育消费市场结构不合理，行业发展水平有待提高

作为新兴的消费市场，体育市场结构还不够合理，缺少大型
体育骨干企业、中介服务机构。大型知名体育休闲企业、知名职
业俱乐部较少成为制约体育休闲产业发展的瓶颈。体育消费市场
的开发水平、行业服务质量有待提高。

体育产业缺乏完善的管理、监督和促进机制，政策体系有待
完善，特别是体育企业融资渠道不畅，缺乏市场化融资手段，不
能适应市场化改革的深入。

（三）体育产业缺乏高素质的专业人才

缺乏体育知识与经营管理知识兼备的复合型人才、体育创意
人才、体育经纪人才，导致体育企业自身经营水平难以提高，影
响了行业的整体组织水平和规划管理水平。人力资源管理落后于
体育休闲产业整体发展的需要，已成为阻碍体育休闲产业发展的
一个重要因素。

（四）体育场地不足，布局需要优化

体育场地人均拥有量远远低于发达国家水平和部分发达省市。
2014 年北京市每万人体育场地达到 6.67 个，人均体育场地面积为
2.2 平方米。而率先实现体育现代化的张家港市每万人拥有体育场
地 21.6 个，人均体育场地面积 3.4 平方米，北京市每万人拥有场
地数量仅为张家港市的 30.9%，人均体育场地面积仅为张家港的
64.7%。与国际上其他举办过奥运会的城市相比，北京市人均体
育场地面积更是远远落后（见图 3-13、图 3-14）。

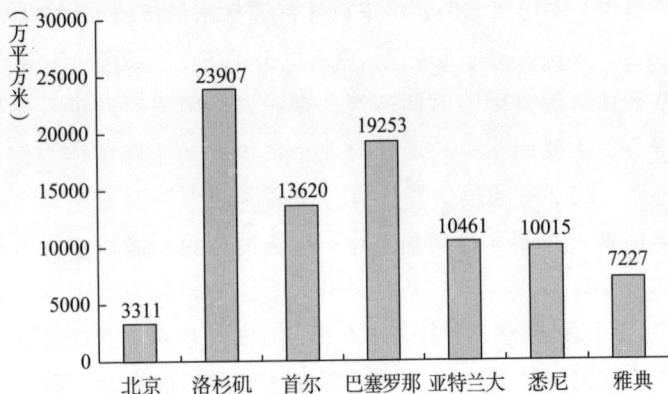

图 3-13　2014 年北京与其他奥运城市体育场地总面积对比

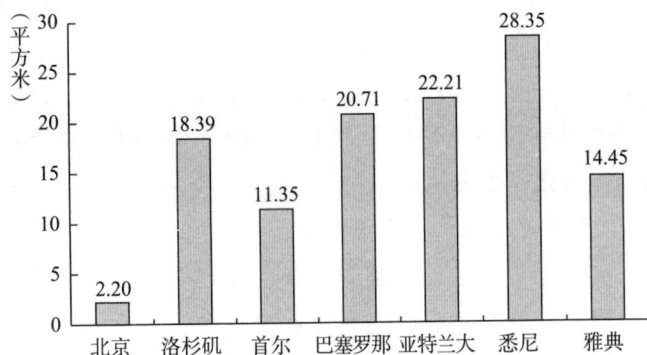

图 3-14　2014 年北京与其他奥运城市人均体育场地面积对比

从体育服务设施的结构和布局来看，城乡、远近郊区、南北不平衡的问题仍然存在。人口最多、人口滞留时间最长的居住小区（街道）里的体育设施较为简单，难以满足日益多样化的群众体育健身需求。

五　新时期北京市体育产业发展的新要求

（一）经济社会发展形势要求转变体育发展理念

体育是社会发展与人类文明进步的一个标志，体育发展水平是一个国家或地区综合实力及社会文明程度的重要体现，体育发展的每个阶段、每一次转型都与经济社会转型密不可分。当前，北京正由小康型向富裕型转变，并向国际一流的和谐宜居之都迈进。在这一发展阶段，要实现促进人的全面发展的目标，必须进一步发展全民健身事业，提高居民身体素质。北京市必须转变体育发展理念和发展方式，在经济社会发展大背景下拓展体育的角色和功能，推进体育与健康、教育、科技、文化、城市建设、社会和谐等领域的融合发展，发挥体育的多功能效应，提升体育对经济社会发展的贡献能力。

（二）向体育强国迈进的目标为体育发展提出了更高的要求

习近平指出，体育承载着国家强盛、民族振兴的梦想。体育强则中国强，国运兴则体育兴，要不断开创我国体育事业发展新局面，加快把我国建设成为体育强国。党的十九大报告指出："广泛开展全民健身活动，加快推进体育强国建设，筹办好北京冬奥会、冬残奥会。"这些目标为北京体育事业的发展指明了前进方向，提出了更高的要求。

（三）发展方式的转变要求拓展体育发展理念，大力发展体育产业

当前是北京市经济发展方式转变和产业结构调整的关键时期，在这一时期，北京体育要在经济社会高质量发展中扮演更重要的战略角色，为促进人的全面发展，提高综合国力和国家软实力做出更大的贡献。大力推动体育产业发展既能满足居民不断增长的健身需要，也能推动经济结构调整，拉动居民消费。虽然北京市体育产业具备了一定的发展规模，但与世界城市相比还存在较大差距，需要转变发展理念，完善体育产业政策扶持体系，鼓励带动社会力量投资，完善监管机制，提高体育服务的供给效率。

六 香港康乐活动经验

1. 推行康体通，方便市民预订场地

香港设置了康体通网上预订系统，提供体育场地提前 10 日预

订服务，其查询功能则涵盖未来11天的场地租订情况。持有香港居民身份证的人士，均可以使用康体通网上预订服务。市民通过康体通可以预订各类康体场地及设施，例如足球场、网球场及羽毛球场，同时也可报名参与各种康乐体育活动。康体通的操作简单快捷，完成预订平均只需3分钟。同时，注册为康体通登记用户，可进一步享用个性化服务功能，建立个人订场档案。

2. 费用低廉，多元筹资共同负担

香港康乐活动的费用采取多元筹资模式，尽可能给居民优惠，减轻个人负担。资金来源主要有三个方面，即政府补助、社会资助和个人负担。其中，社会资助和政府补助是主要来源。香港政府旨在通过多补贴市民健身费用，来减少医疗保障费用。政府补助的主要来源是税收。香港体育活动的人力支出费用有一大部分是依靠政府财政拨款。香港康乐署一些场馆管理处的工作人员是康文署公务员，还有政府兼职合同雇员。社会资助的最大来源是香港赛马会。体育设施购置及场馆建设主要来自赛马会等社会资助。其次是各区的议会，另外风帆、帆板、独木舟等体育运动项目协会也会依靠有条件的会员赞助回馈来补贴各自项目。学员预订场地缴纳的费用和参加课程的学费，只占成本的一小部分。

以海上独木舟运动为例，该运动的成本包括三个方面。一是教练薪酬，考得香港独木舟总会认可的教练等级即可与康文署签署兼职合同。不同课程的教练薪资有所不同，一般为170港币一小时，全天课程为9时至17时（中午休1小时），共7小时，合计1190港币（一个班学员6人，人均200港币）。二是租艇费用，个人租艇及桨为20港币一小时，全天共租8小时，合160港币/人·天。三是救生员及管理人员薪酬。课程期间，至少有两艘摩托艇保持在海面巡逻，每船至少配救生员两人，另有滩面救生预警指挥一至两人，艇房、帆房、器械救生衣室、淋浴储物室、医务室及管理处工作人员若干名，以10人、每人日薪800港币计，费用合计8000港币。按40个学员计算，以上三方面费用均摊至本课程学员的成本为 560 港币（不含设备折旧及水电油等费用）。相比之下，学员实际支付的学费非常低廉，独木舟三星课程学费为 30 港币，仅为前述成本的 5% 左右。

七　发达国家体育产业发展经验和启示

（一）主要经验

1. 鼓励体育社团发展，管理体制向政府社会合作型演进

政府和社会团体对发展大众体育所起的作用，可分为三种类型：政府管理型、社会团体管理型、政府–社会合作型。所谓政府管理型，就是指政府设置专门的体育管理机构，采用行政手段对体育事务进行管理，具有较大的财务权和人事任免权。体育事务被看作政府管理公共事务的一项职能，大众体育经费主要来源于国家财政拨款，包括中央财政拨款和地方政府财政拨款两种。其中体育彩票（包括博彩）收入是重要的经济来源。其管理特点是以政府直接管理为主，以社会团体管理为辅的政府主导型管理体制。目前，世界上绝大多数国家采用这种管理体制，如加拿大、日本、俄罗斯、法国、希腊、韩国、南非等①。

社会团体管理型是指政府职能部门中没有设置专门的管理大众体育事务的行政机构，或虽然设立了这样的政府体育机构却没有多少财政权，体育事务被看作一项社会公共事务而由社会团体运用市场手段或行政手段进行管理的模式。政府只是通过一些法律的、经济的、文化的政策来引导社会去发展体育事业。社会体育团体在国家体育政策的制定和实施以及体育资源的配置上起主导作用。其大众体育经费的主要来源是由社会团体通过自身经营获得的。其管理特点就是以社会团体管理为主，以政府间接管理为辅。

20 世纪 90 年代以来，国外的体育管理体制越来越多地向政府

---

① 赵云宏、揭明兰：《国外体育管理体制改革趋势研究》，《体育科学》2002 年第 12 期。

和社会合作的模式转变。一是转变政府职能，理顺政府、市场与社会之间的关系。政府将决策与执行分离，将管理的重点放在政策法规制定等宏观管理上，将执行的任务和其他管理职能尽可能地转移给体育社团。二是鼓励体育社团发展，采取签约合作模式并加强评估。政府积极培育体育社会团体，充分挖掘和发挥体育社团在体育管理中的作用。围绕拟定的政策目标与体育社团签订协议。建立跟踪评估机制，并对项目的实施情况进行定期的评估。体育社团只有按照政府的政策标准，实现了政府为其规定的任务，才能获得政府的经费资助。这种合作模式，节约了政府成本，使体育资金投入获得较大的产出效益。

2. 科学分类，确立各类体育产品投资主体

20世纪80年代以来，欧美发达国家，一般将体育产品依据其社会功能分类，并在分类的基础上确定各类事业的责任投资主体，制定不同的投融资促进政策。体育产品可分成三类：公共体育产品、私人体育产品、混合型体育产品。公共体育产品是指能够使公民直接受益又很难通过市场机制生产出来的体育产品，如公共体育设施的建设与服务等。私人体育产品是指经由市场产出的体育产品和服务，如职业体育。混合型体育产品既包括市场产出的体育产品，也包括非市场产出的体育产品。不同的体育产品采用不同的融资渠道。

发达国家采取多种方式积极鼓励和支持企业参与经营性或混合性体育事业的投资。最常见的方式是给予一定的税费优惠，吸引企业投入。例如，日本规定企业投资体育设施时可以减免土地税，体育设施达到一定的标准并有一定的时间向公众免费开放，可减免相应的税收[1]。同时，在体育场馆和体育设施的建设中，发达国家创新投融资方式，以吸引企业的参与。近年来，国际上采

---

[1] 余小刚、宋迎东：《美日两国体育产业投融资体制对我国的启示》，《体育文化导刊》2012年第18期。

用比较多的方式有 BOT 和 TOT 两种。BOT 是指政府与项目公司签订合同，由项目公司筹集参与基础设施和公共工程项目的开发和建设，项目建成后，由项目公司在规定期限内经营该项目以收回其对该项目的投资及其他合理的服务费用，经营期限一般为 15～20 年，在规定的经营期限届满时，项目设施无偿转让给政府。TOT 是指政府与公司签订特许经营协议后，把已经投入运行的体育设施项目移交给公司经营，一次性地从公司手中融得一笔资金，用于建设性的设施项目。特许经营期满后，公司再把该设施无偿移交给政府。

3. 重视科学规划，群众体育非常普及

群众体育是体育产业发展的基础，能为体育产业培育巨大的市场。发达国家和地区在发展群众体育方面主要有以下几点经验。

一是重视科学规划。发达国家通常针对本国体育发展水平有计划、有组织地进行群众体育活动，由国家大众体育管理机构逐步推出一系列易于操作且具有针对性的实施方案。这些计划对推动大众体育发展发挥着重要的作用。例如，20 世纪 70 年代加拿大的"体育活动参与计划"、90 年代韩国的"全民大众体育振兴计划"、美国的"健康公民 2000 年计划"等。在"计划"的指导下，大力兴建体育场馆设施，组成众多的单一型或综合型体育休闲俱乐部及基层体育组织。

二是竞技体育场馆与群众健身设施并举。纽约市在城建规划中对体育设施分布做了明确的规定，市政府在预算中投入巨资兴建体育场馆和设施。市政府不仅重视兴建大型体育场馆，而且非常重视小型体育设施。在纽约，即使是在寸土寸金的曼哈顿岛，小型的运动场所基本上覆盖了每一个街区。这些小型体育场所安装了篮球架、壁球墙、网球场、儿童游戏场等，方便附近社区的居民锻炼，并且都免费向公众开放。

三是支持非营利性体育组织发展，重视发挥社会力量在群众体育中的作用。研究表明，发达国家通常都拥有大量的非营利性体育组织，它们在促进群众体育发展中发挥了重要作用。发达国家一般都十分重视体育组织的建设。例如，美国给予体育协会等非营利组织税收优惠。挪威全国共有近 12000 个俱乐部，其会员人数占总人口的 30%。德国共有 9 万多个体育俱乐部，会员达到 2750 万人，占总人口的 29%。

四是群众体育日益普及，有组织地参加锻炼的人口比重较高。调查显示，随着生活水平的提高，发达国家参加体育俱乐部、进行有组织的体育锻炼的人口比例不断增加。资料表明，一些大众体育开展较好的国家或地区，参加各类体育组织的人数占总人口的 30% 左右。英国约有 15.1 万个体育俱乐部，平均每个俱乐部拥有 117 名成年人会员和 107 名青少年会员，超过半数（58%）的体育俱乐部与附近社区的学校建立了联系[1]。

4. 体育产业发展成为国民经济重要组成部分

国外体育产业的发展状况表明，随着大众健身、体育休闲娱乐活动的兴起，体育产业在推动经济增长中发挥越来越重要的作用，在许多国家和地区，体育产业都成为国民经济的重要产业，甚至是支柱产业。目前，全世界体育产业每年的总产值约 4000 亿美元，并以 20% 左右的速度递增[2]。以美国为例，20 世纪 80 年代，体育产业产值占国民生产总值的 1.3%，在整个第三产业行业产值中排名第三，仅次于商业银行和证券市场，到 1999 年体育产业产值达 2125.3 亿美元，占 GDP 的 2.4%，位居行业产值排名第 6 位[3]。2015 年，美国的体育产业产值占本国 GDP 比重达到 2.80%。英国、法国、德国、西班牙等国家的体育产业产值占 GDP 比重均超过 1%[4]。英国在 20 世纪 80 年代末，体育产值达到

① 《数据解读英国大众体育市场》，2016 年 5 月 13 日，http://www.199it.com/archives/471917.html。
② 康建敏、李旭：《国外体育产业对我国体育市场发展的启示》，《集团经济研究》2005 年第 23 期。
③ 李久德：《与发达国家体育产业比较及对策》，《商场现代化》2006 年第 18 期。
④ 《2015 年全球体育产业发展情况分析》，中商情报网，2015 年 8 月 10 日。

68.5 亿英镑，政府从体育产业得到的税收高达 24 亿英镑，是政府体育投入的 5 倍。

5. 重视职业体育俱乐部发展，竞技体育职业化程度较高

纽约、伦敦、巴黎等世界城市的竞技体育职业化程度较高，通常拥有众多国际知名的职业体育俱乐部。伦敦市的足球运动较为发达，拥有几支英国顶尖球队的俱乐部，如阿森纳足球俱乐部、切尔西足球俱乐部、富勒姆足球俱乐部、托特纳姆热刺足球俱乐部、西汉姆联足球俱乐部等。

6. 体育氛围浓厚，体育文化融入生活

在国外发达地区，体育已成为居民日常生活的一部分。一是体育锻炼成为白领的生活方式。2011～2012 年，英国有 36% 的 16 岁以上成年人每周至少参加一次 30 分钟或以上的中等强度的体育活动①。在纽约，中等以上收入和上流社会的人士一般每天都会安排出一定的锻炼时间。许多人在纽约中央公园慢跑或去健身房健身。二是大多数家庭配备了简易运动设施，方便家人一起进行体育活动。三是体育运动与文化、旅游、政治经济生活密切相关。纽约的 NBA 赛场已经成为许多家庭的周末休闲去处，许多外地的游客，也把 NBA 当成一大旅游景点。在纽约，许多市民都热衷于棒球运动。棒球场成为朋友和商务伙伴拉近距离的场所。

7. 体育相关法律和制度较为完善

一是体育设施建设标准完备，并多以法律形式确定。发达国家十分重视社区体育设施的规划建设，居住社区规划中对于体育设施都有最低的配置标准，并按照人口规模分级，规定不同的设施规模、种类，并且这些规定最终以立法的形式加以确认和保证。

二是赏罚分明。国外的体育法规相对较为详细地规定了体育奖惩问题。例如，西班牙体育法专门设立了"体育惩戒"一章，

---

① 禹唐体育：《大众体育市场——美英体育的根基，中国体育的未来》，搜狐网，2016 年 5 月 18 日。

对观众、运动员、体育官员等主体的各种违法行为进行了详细的列举,包括扰乱体育活动秩序的行为、各种徇私舞弊行为、滥用职权行为等,并针对具体行为规定了具体的惩戒手段,包括警告、暂时取消资格、解职、罚款等,该法对处罚的期限或数额也做了详细的规定。白俄罗斯、日本、乌克兰等国家都对违法者承担国家法律的、纪律的、行政的或刑事的责任予以规定。

三是体育保险制度较为发达。在国外,体育保险覆盖了竞技体育、学校体育和群众体育等各方面。个人或运动员受到伤害都能得到较好的保障。例如,日本把体育安全保险根据不同的情况分为 A、B、C、D 四类。A 类指少年儿童体育运动保险;B 类指 60 岁以上老年人运动保险,适用的体育项目如门球俱乐部、跑步俱乐部等;C 类指高中以上学生和社会人体育运动保险,适用的体育项目如青年乒乓球俱乐部、太极拳俱乐部、网球俱乐部等;D 类保障的主要对象是高危险竞技体育运动团体,适用的体育项目如运动会、爬山、美式足球、雪橇运动、搭乘悬挂滑翔机等[1]。

(二) 对北京的启示

通过研究和总结分析,发达国家和世界城市的体育发展规律和模式有以下几个方面值得我们借鉴。

1. 树立体育事业和产业一体化发展的理念

群众体育和全民健身事业是体育产业发展的基础,群众是体育产业的消费主体和服务的对象;竞技体育争冠不仅仅是为国争光,其赛事也是发展体育产业的重要手段之一。提高体育服务质量,应满足多样化需求,推动体育事业产业化;政府应引导、鼓励和支持企业参与经营性或混合性体育事业的投资,实现体育产业事业化发展。

---

[1] 周爱光、柴红年等:《中、日、美三国体育保险的比较研究》,《北京体育大学学报》2003 年第 3 期;王晓林:《中日体育保险现状比较研究》,《德州学院学报》2007 年第 4 期。

2. 培育体育消费群体，推动群众体育活动向都市型体育健身转变

在世界城市，大型体育活动往往会受到空间条件的限制，因此，应当鼓励发展简单易行的体育健身活动，推动体育活动逐渐融入日常生活。例如，纽约市曾经大力建设小型运动场，健身馆免费向公众开放。北京市应当制定体育健身优惠政策，通过体育协会、非营利组织培养体育兴趣群体，带动体育消费。

3. 改革管理体制，发挥市场和社会的力量

国际经验表明，推动政府职能转变，充分发挥市场机制作用和社会力量是体育产业发展的趋势。北京市应该发展政府与社会合作型管理体制，把政府宏观控制与社会自我协调有机地结合起来。为此，北京市应积极推动体育管理体制改革，进一步转变政府职能，将体育公共服务产品进行科学的分类管理；创新体制机制，促进体育发展的多元化投融资格局；鼓励企业和社会力量参与体育事业产业发展，形成社会各方参与的机制。

4. 加强规划和制度建设，完善体育保险制度

发达国家和世界城市通常非常重视体育发展的规划和制度、标准规范的制定。北京市应在体育设施建设和体育产业发展等方面加强规划，合理配置资源，更有效地推动体育发展。完善体育法规和制度建设，加强对体育设施和体育产业的相关标准制定。同时，建立覆盖各类人群，涵盖竞技体育、学校体育和群众体育等各方面的体育保险制度，为体育锻炼人群和运动员等提供保障。

5. 明确市级和区级责任，避免恶性竞争

明确市级和区级体育管理机构的责任。区级体育管理机构在竞技体育方面应主要发挥培养和输送人才的作用，竞技体育发展不应成为区级体育管理机构的考核指标。区级体育部门的重点应在推动群众体育方面。

6. 转变政府职能，鼓励体育社团和俱乐部发展

从纽约等世界城市的体育发展趋势来看，职业化是竞技体育的发展方向。纽约、伦敦、巴黎等世界城市通常拥有众多国际知名的职业体育俱乐部。而从北京市目前的情况来看，除少数项目外，大多数竞技体育项目还依然是一种专业化体制。北京市应该利用成立首都体育职业学院的契机，加强职业俱乐部建设，积极促进竞技体育的职业化、专业化进程。采取与体育社团和俱乐部签约合作模式，推动竞技体育职业化发展。

7. 采取多种方式提升体育场馆服务水平

一是制定体育场馆服务规范，对体育场馆硬件和服务礼仪、服务用语等软件标准进行规定。二是加强场馆配套设施建设，包括商业、餐饮和停车等设施。三是推出人性化服务。例如，推出停车预订服务，划定停车位置和号码，提前发售体育场馆停车票，解决停车难问题。四是加强策划和宣传，不断推出一些吸引健身爱好者的活动，加强场馆宣传。

八　加强体育产业发展的思路和对策建议

北京市在转变发展方式，推进高质量发展的大背景下，对体育产业的发展也提出了更高的要求。加快体育产业发展，刺激体育需求增长，逐步使体育产业成为新的经济增长点，将是北京市新时期体育工作需要完成的任务。因此，建议从以下方面着手，全面推动北京市的体育产业健康有序发展。

（一）优化产业结构，打造幸福产业

发挥北京市科技创新优势，推动体育产业和人工智能、互联网融合发展，打造新的业态，大力推动智慧体育、"体育+"。降低交易成本，提高体育产业发展的竞争力和"催化力"。利用共享经济模式、产业链模式、综合体模式等助推体育产业模式创新。促进体育培训、竞赛表演业优化升级。

（二）提升供给能力，培育市场主体

对于发展体育产业要素市场，要不断创新体育投融资平台、体育产权交易平台，培育支持体育产业发展的要素市场。规范申办和举办大型国际体育赛事，大力引进有实力的体育经纪公司、体育组织总部和高端体育产业人才，强化体育产业无形资产和专利保护，建立体育产业投资与消费的公共信息平台。以推进体育基本公共服务均等化为目标，加强基层体育公共服务设施建设。在整合现有体育设施资源的基础上，通过改建、扩建、新建等多种方式，实现每个区至少有一个综合体育中心的目标。探索建立体育场馆联盟、开展委托经营等多种形式，打破条块分割，强化资源整合，形成统筹发展的合力。同时，加强体育场馆运营管理，借鉴国际先进的场馆经营理念，支持引进高水平、专业化运营公司，提升体育场馆的市场化经营能力与水平，在满足群众体育健身需求的同时，实现经济效益的最大化。

（三）培育市场需求，激活体育消费

加强体育健身宣传，树立体育健身意识。加强体育宣传，培养文明健康的生活方式。宣传体育锻炼在疾病防治以及健康促进等方面的积极作用，培养市民健康意识和运动兴趣，推动形成良好的健身习惯、健康的生活方式，形成投资健康的消费理念。鼓励日常健身活动，倡导每天锻炼一小时，引导群众养成健身习惯。继续开设全民健身科学大讲堂，出版高质量的全民健身科普图书，提高公众体育健身科学素养。

降低消费门槛，鼓励群众健身消费。加大政府购买服务力度，出台优惠政策，积极支持群众健身消费。根据第六次普查的企事业单位存量体育设施情况，对适合向社会开放的体育设施，统一规划和运营。将场馆运营管理费用差额部分及维护费用按年度制订计划，通过购买公共服务的方式予以财政补贴。为激活市民的体育消费，可以实施激活市民体育消费的财政政策，利用体育产业引导基金"补需方"。选择 1~2 个区作为试点，用所筹集的专项资金向试点区县的青少年和老年人发放体育健身消费券，鼓励青少年和老人参与体育健身和体育培训消费。

大力发展体育赛事，发展职业体育。鼓励社会机构和民间组织参与引进和申办高水平重大国际体育赛事，举办一批具有广泛群众基础和较强影响力的赛事。探索实施赛事举办招标机制，鼓励社会力量承办赛事，政府提供补助或奖励，逐步建立政府监管、企业承办的运行模式，提高赛事举办的市场化水平。积极调整首都竞技体育结构，鼓励和支持有条件的竞技运动项目进行职业化改革。引导社会资本发展职业体育，逐步建立竞技体育资源市场化价格形成机制。

（四）加强便民体育设施规划建设，让群众方便健身

依托城市社区化、网格化的管理体系，统筹规划便民体育设施。加大体育设施投入，鼓励社会力量建设小型化、多样化活动场所和健身设施，建设一刻钟体育健身圈。充分利用郊野公园、城市公园、公共绿地等场所建设体育设施。新建小区严格按照规定配建相应比例的体育健身设施。大力推进小型场馆、公众活动健身中心、多功能球场、健身步道等多种体育设施建设。提高现有体育场地设施的综合使用效率，推动企事业单位存量体育设施向社会开放。

（五）加强社会组织在群众健身中的作用

通过扶持引导资金、政府购买服务等措施推动体育社团社会化、实体化发展；充分发挥工会、共青团等社会组织的作用，除职工运动会外，坚持在职人群工间操和经常性体育锻炼，统筹各类人群体育均衡发展。

（六）加大资金支持，拓宽融资渠道

每年安排一定额度的体育产业发展引导资金，用于支持发展全民健身服务业、培育国际级的大型体育品牌赛事、完善体育产业功能区建设，结合北京市全民健身运动的开展，在全民健身的体育项目中给予体育单位和场馆政策扶持及资金补贴。对举办各种体育比赛和为体育比赛或体育活动提供场所的企业，应给予营业税优惠政策。建立健全体育产业投融资促进工作机制和平台，探索建立专门的体育产业投资基金，完善多渠道、多层次的融资

服务体系。切实发挥政府投入资金对社会资本的引导作用，逐步形成以政府投资为引导，以社会投资为主体的多元化投入格局。

（七）培育体育人才队伍，优化人才结构

培养体育指导员队伍，促进科学健身常态化。积极推进社会体育指导员队伍建设。举办社会体育指导员培训班，推进社会体育指导员、各类运动项目教练员和裁判员队伍建设。大力推进全民健身志愿服务活动，充分发挥全民健身志愿服务对居民的健身指导作用。通过科学的体育健身指导，加强居民对体育健身、体育运动项目的兴趣，形成科学健康的生活方式。

积极探索"产学研教"一体化人才培养模式，鼓励和支持有关高等院校设立体育产业类专业，加强与体育企业的合作，支持高等院校、科研机构、职业培训机构和体育企业建立具有规模化、专业化、市场化、国际化的体育产业教学、科研和培训基地。发挥体育行业协会作用，完善人才评估体系，研究或制定体育人才资格准入标准、职业操作规范和技能鉴定制度。加大政策支持力度，建立健全体育人才引进和奖励机制，积极引进一批具有较强的开拓创新能力、掌握现代体育组织和企业管理的实务操作技术的高层次体育产业管理人才，注重海外体育经营、研发、管理等高端人才的引进，为体育产业发展提供强有力的保障。

（八）提高生活性服务业品质

促进生活性服务业转型升级、内涵发展，让居民通过高品质的生活服务，从家务劳动中解脱出来，增加休闲时间，从而产生体育消费的主观意愿和客观条件。

（九）完善体育产业发展管理机制

加快完善体育产业政策法规体系。抓紧进行体育产业相关政策实施细则的制定和落实。完善体育产业发展统筹机制。借助北京市社会发展联席会议制度，加强体育产业发展相关部门之间的沟通协调，研究制定全市体育产业发展中的重大战略和政策，统筹协调解决产业发展中的重大问题，协调推进重大项目建设。

第四章 生活品质与社会治理

第一节 北京市社会治理的探索和创新

一 社会治理的概念和理论

（一）社会治理的相关概念和理论背景

社会治理是由政府、市场、社会组织以及居民等主体在形成合作关系的基础上，综合运用法律、市场、文化等多种方式，共同参与、共同治理社会，实现多元社会治理主体之间的良好合作关系，达到化解社会矛盾、实现社会公正、激发社会活力、促进社会和谐发展目的的一种协调性社会行动①。社会治理是国家治理的重要方面，良好的社会治理是社会和谐稳定、人民安居乐业的前提和保障。

20世纪70年代，发达国家普遍面临经济滞胀、财政危机、信任危机以及政府过度膨胀、效率低下等问题，各种社会问题集中爆发。在这种社会背景下，新自由主义、新公共管理运动、新公共服务等思潮逐渐兴起。20世纪90年代，在经济全球化与信息化浪潮的背景下，国际形势和西方国家内部都发生了深刻的变化，迫使政府在新形势下进行变革，寻求更加有效的管理理念和方式。

---

① 陈成文、赵杏梓：《社会治理：一个概念的社会学考评及其意义》，《湖南师范大学社会科学学报》2014年第5期。

（二）从管理到治理的四大转变

治理理论是在日益复杂的经济社会发展环境中，在对传统管理和管理方式的反思中应运而生的。在传统管理模式中，市场机制和政府机制都曾在某一地区或某一时期发挥主导作用，但也存在各种问题。例如，信息的不对称、垄断、外部性等原因可能致使市场机制的资源配置作用不能有效发挥，产生所谓的"市场失灵"。同时，由于信息的不对称、政府机构的官僚主义作风和科层制的低效率，政府机制也会产生一系列问题。与传统的管理相比，社会治理的出现正是为了克服单纯依靠政府或市场机制的弊端，在多元共治中寻求和谐的一种方式。与管理相比，治理主要有三大转变。

1. 由单一主体向多元主体转变

管理的主体主要是政府，而社会治理的主体是多元的，既包括党和政府，也包括市场、社会组织和居民。十八大以来，中央多次强调要"加快形成党委领导、政府负责、社会协同、公众参与、法治保障的社会管理体制"①，体现了多元共治的思想。

2. 由政府为主向多元合作转变

参与社会管理和社会治理的各个主体之间的关系不同。在管理的语境下，政府与社会组织和市场是领导与被领导的关系，政府处于中心地位。在治理的情境下，多元主体之间形成密切的、平等的网络关系，它把有效的管理看作各主体之间的合作过程，政府、市场和社会组织都要在相应领域发挥重要的作用。

3. 运作方式由被动执行向合作参与转变

管理是自上而下地按照政府组织的科层制等级结构实施、执行权力的过程。在管理模式下，城市规划、公共服务供给和城市更新等大多数是通过政府行政命令、任务下达或行政动员的方式

---

① 江必新：《推进国家治理体系和治理能力现代化》，《光明日报》2013 年 11 月 15 日，第 1 版。

自上而下地提供，居民和各个相关主体大多是被动接受。社会治理的运作方式强调合作、互动和参与。除了运用权力之外，社会治理综合运用市场、法律、文化、道德习俗等多种管理方法和技术。

（三）国家治理体系和治理能力

党的十八届三中全会提出："全面深化改革的总目标是完善和发展中国特色社会主义制度，推进国家治理体系和治理能力现代化。"国家治理体系，是党领导人民管理国家的制度体系，包括经济、政治、文化、社会、生态文明和党的建设等各领域的体制、机制和法律法规安排，是一整套紧密相连、相互协调的国家制度。国家治理能力，是运用国家制度管理社会各方面事务的能力，包括改革发展稳定、内政外交国防、治党治国治军等各个方面的能力[①]。国家治理体系和治理能力现代化是全面深化改革的总目标，对于中国的政治发展，乃至整个中国的社会主义现代化事业来说，具有重大而深远的理论意义和现实意义。

（四）城市治理

城市治理是"治理"理念在城市空间上的应用和延伸，是当代国家治理体系的重要组成部分。广义的城市治理是在城市的地域空间中运用多种手段推动城市经济、社会、城市文明、生态环境等各方面的可持续发展；狭义的城市治理是指在城市范围内政府、私营部门、非营利组织作为三种主要的组织形态组成相互依赖的多主体治理网络，在平等的基础上按照参与、沟通、协商、合作的治理机制，在解决城市公共问题、提供城市公共服务、增进城市利益的过程中相互合作的利益整合过程。广义的城市治理主要涉及城市定位、城市规划、城市可持续发展等问题，主要是处理城市发展的各种要素；狭义的城市治理主要涉及治理主体的

---

① 习近平：《切实把思想统一到党的十八届三中全会精神上来》，新华网，2013年12月31日。

组织形式、利益冲突、利益整合，着眼于城市公共服务的提供①。20 世纪末以来，城市治理研究作为公共管理领域的一个分支获得了较快发展②。

《北京城市总体规划（2016 年 - 2035 年）》（以下简称新版总体规划）第一次在城市总体规划中把城市治理的重要性提升到国家治理体系现代化的高度，提出"建设和管理好首都，是国家治理体系和治理能力现代化的重要内容"。新版总体规划中的城市治理是广义的城市治理，从推动北京空间区域内城市发展的角度明确了首都城市治理体系的重点内容，主要包括空间管控、治理交通拥堵、完善住房体系、改善环境质量、提升基础设施运行保障能力、健全公共安全体系、健全城市管理体制七个方面。

二　北京市社会治理的探索

近年来，北京市按照习近平总书记视察时的指示要求，在深入落实首都城市战略定位，探索建立超大城市治理体系的实践中形成了一些创新经验和做法。

（一）提升城市管理精细化水平

为了疏解非首都功能，优化首都发展布局，降低中心城区人口密度，推动京津冀协同发展，北京市自 2017 年开始开展"疏解整治促提升专项行动"。疏解整治促提升专项行动以疏解非首都功能为导向，行动内容既包括城市环境和秩序整治，也包括优化提升首都核心功能。行动的目标是有效治理"大城市病"，提高城市治理能力和水平，满足良好人居环境的迫切需求，全面提升城市发展质量。在疏解整治促提升行动开展的过程中，北京市在社会治理方面进行了一些探索和创新。

---

① 王枫云：《从城市管理走向城市治理》，《思想战线》2008 年第 1 期。
② 张诗雨：《发达国家城市化发展特征及面临的重大问题》，《中国发展观察》2015 年 4 月 13 日，转引自新华网，http://www.xinhuanet.com/politics/2015 - 04 - 13/c_127681461.htm。

1. 推动整治标准化

标准化是指在经济、技术、科学和管理等社会实践中，对重复性的事物和概念，通过制定、发布和实施标准达到统一，以获得最佳秩序和社会效益。"标准化"思想来源于泰勒的《科学管理原则》，最初是为了适应科学发展和组织生产的需要，在生产实践中，对产品质量、品种规格、零部件通用等方面进行统一的技术标准规定。

在城市治理和政府服务中，也逐步建立了许多标准。例如，《城市公共服务设施规划标准》（GB50442）等，这些标准的制定在城市治理过程中发挥了重要作用。

在疏解整治促提升行动中，核心区通过《首都核心区背街小巷环境整治提升三年行动方案》，以文件的形式建立了街巷整治的"十有十无"标准，对核心区街道和小巷整治提出了统一的规范和要求。"十有"，就是有"街巷长"、有自治共建理事会、有物业管理单位、有社区志愿服务团队、有街区治理导则和实施方案、有居民公约、有责任公示牌、有配套设施、有绿植景观、有文化内涵。"十无"，就是无乱停车、无违章建筑（私搭乱建）、无"开墙打洞"、无违规出租、无违规经营、无凌乱架空线、无堆物堆料、无道路破损、无乱贴乱挂、无非法小广告。

整治提升的标准化、规范化有几个优势：一是在任务安排上有利于统一规范；二是在行动执行中有利于提高效率，避免规范不清或出现推诿；三是在行动实施后有利于用统一的标准来考核政策执行的效果。

2. 探索民意立项

发现和感知居民的需求，从而提供与居民需求相匹配的公共服务是提高治理能力的重要方面。在传统的自上而下的管理模式下，公共服务供给主要是通过行政指令或行政动员式的路径来实现的（见图4-1）。这种模式往往侧重于完成上级下达的任务指标，忽视了居民实际的需求。这样的后果是一些公共服务供给和需求不相匹配，出现结构或布局的不合理。

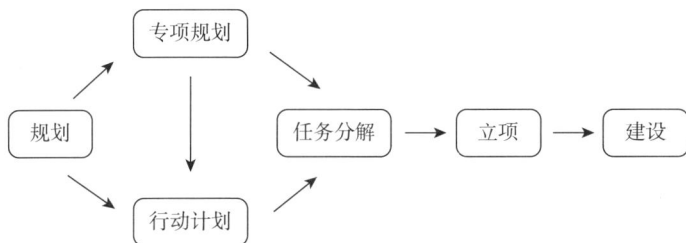

图4-1　传统管理模式下公共服务供给路径

　　近年来，北京在推动经济领域供给侧结构性改革的同时，也在公共服务领域开展了优化供给、满足居民需求的研究。在疏解整治促提升专项行动的实践中也进行了一些探索和创新。民意立项就是这种探索的典型代表。

　　民意立项是以居民的实际需求为基础，确定公共服务项目、设计公共服务种类与具体方案的立项方式。即政府在立项目、办实事之前，征求居民意见。民意立项的实施改变了传统公共服务供给的流程。在实施行动之前通过召开议事协商会，征求居民的意见，根据居民票选结果确定实施的民生项目。

　　为了完善民意立项制度，科学体现绝大部分群众的意愿，西城区出台了《民生工作民意立项指导手册》（以下简称《指导手册》），将西城区民生工作分为民意征求型、民需申报型、民情推动型三类，对每一类事项的民意征求范围界定、民意形成比例、民意与市场专业性对接的流程，都制定了相应的规范，画出了民意立项的流程线路图。

　　在规范民生工作流程的同时，《指导手册》还列出了民生工作民意立项工作清单。该清单依据现有民生工作中运用民意立项工作机制开展的实际经验梳理得出，涉及公共安全、公共服务、城市管理、社会建设、党群工作等五个领域共58个民生项目。

　　民意立项实施后，居民与项目的关系从"被动接受"转变为"主动参与"。居民在项目实施中的作用由"不知情"或"无作为"的利益相关者变为规划者、设计者和参与者。通过民意立项，公共服务的供给更能契合居民的需求，能够提高居民对项目实施的关注程度，提高居民对项目的接受度、支持度，提高项目实施的效果，进而提高居民的满意度和获得感。

3. 行动过程中多元共治

一是建立街巷长制，落实监督管理责任。北京市在核心区背街小巷整治提升专项行动中，建立了街巷长制，目前核心区所有街道都有了街巷长。街巷长是背街小巷整治的第一责任人，直接对街道办负责。街巷长和街巷所在的街道办签署了"军令状"，整治若不达标，将会被约谈、调离岗位甚至问责。

二是推动群众参与，建立自治共建理事会。自治共建理事会一般由社区居委会主任、办事人员、社区居民、楼门院长、驻街巷企业单位组成。理事会成员要每天轮流巡视街巷，发现问题及时上报、督促解决。

三是推进社区物业管理党建联建工作，协调解决物业管理问题。在平房和老旧小区集中的物业管理服务中推进社区和物业公司的党建联建。将社区党建与行业党建有机结合。以街道、社区党组织为核心，物业服务企业、社区居民、驻区单位代表等利益相关方共同参与，协调解决物业管理服务中遇到的问题，推动社区内各类资源互利共享，提升居民的归属感和获得感。

(二) 建立网格化管理体系

网格化管理是北京城市精细化管理的基础。网格化管理最早是由北京市东城区提出的一种新的数字化城市管理模式。网格化管理的基本思路是借助城市管理信息系统，将行政区划内面积按照一定比例划分成若干网格单元，由城市管理监督员对所分管的网格实施全时段监控。每个城市管理监督员随身携带具有无线传输和定位功能的信息采集器，分布在所划分的区域内巡查。居民拨打城市管理服务热线，可以把遇到的城市管理中的问题及时报告给城市管理监督中心，监督中心迅速通知相关职能部门。通过一张网络和一个平台,将城市管理信息集纳于无形之中,不仅实现了城市管理的信息化、标准化、精细化、动态化,也实现了对市民的意见、心声进行实时的收集与反馈。整体上看,这是一种"居民－监督中心－职能部门"的三级"发现－响应"机制。

此后,网格化作为创新社会管理的重要举措在北京市各区得到了推广。网格化管理依靠科技手段,打破了"条块"分割,促进了资源整合,有利于提高城市管理效率和社会服务管理的精细化水平。网格化社会服务管理体系也是居民服务的重要载体。通过网格化能全面准确了解群众需求,为群众提供零距离、精细化的服务,努力做到"全响应"。

近年来,网格化工作持续保持良好的发展态势,体系建设完成全面覆盖,"多网"融合取得突破进展,政策规范日益完善,综合效能跨越式提升,为城市服务管理更加有序、社会发展更具活力、百姓生活更为便利,提供了有效保障。2017年,"多网"融合有序推进,市级层面有12类相关部门职能纳入网格化工作监管。16个区启动"网格化＋"行动计划51项,涉及"网格化＋"社会组织服务、便民服务、治安维稳、社会领域党建、拆违打非、京津冀协同发展等内容,进一步提升了网格综合服务水平。

(三)探索建立"街乡吹哨、部门报到"工作机制

"街乡吹哨、部门报到"最初是北京市平谷区探索出的乡镇基层与行政部门、行政部门间的联合执法协作机制。机制建立的初衷是解决基层发现问题但缺少执法权,执法部门有执法权却无法及时发现问题的治理困境,即"看得见的管不了,管得了的看不见"的矛盾。

"街乡吹哨、部门报到"的运行机制是依托综合执法平台,把区级指挥中心、乡镇指挥分中心、街道社区等基层单位连接到一起。街道社区发现违法问题,通过综合执法平台"吹哨",把问题报告给市区两级城市管理指挥中心。平谷区制定了多重保障机制,确保"吹哨"机制有效运行。一是建立清单式执法机制,依据每

个委办局的权力清单确定"哨"应该吹给谁；二是督查问责制，对每次"吹哨"的电话记录、到场时间、参与部门进行详细的记录；三是建立力量下沉机制，相关执法单位必须派专人到乡镇，形成一个临时小组，直到问题彻底解决。

从实践中看，"街道吹哨、部门报到"有几个特点：一是以服务基层为导向，推动治理重心下沉。各部门派驻人员下沉到街道乡镇，解决基层问题。二是赋予街道乡镇更多的职权。将人事权、财权下放到街道乡镇。例如，昌平按照"区属、街管、街用"的原则，推动"费随人走"，将城管执法队人员的组织关系和财权都转到了乡镇基层，区级城市管理委员会不再管财权、人事权，而是侧重全区依法执法的管理。三是推动了考核机制改革。将过去部门考核街乡的自上而下的单向考核机制，转变为街乡也能考核职能部门的"双向考核"机制。

从效果上看，"街乡吹哨、部门报到"能够解决街道、乡镇或职能部门单独开展治理所面临的困境，赋予了基层更大的资源统筹调配权，破解了基层治理"最后一公里"难题，极大提升了执法力度，有利于实现高效有序治理。

三　北京市建立超大城市社会治理体系的难点

大城市如何进行有效治理，在世界范围内是一个久未解决的重大课题。北京作为中国的首都和超大型城市，其治理体系的完善面临多重困难。

（一）人口数量庞大，"异质性"较强

路易斯·沃斯认为，"异质性"是城市的本质，城市是由具有异质性的个体组成的。评价城市生活状况可以通过人口异质性、人口规模以及人口密度三个指标来实现①。在城市中的人口同质性

---

① 罗杰·赛莱诺、张燕：《沃斯的"城市化"中的理论与行为》，《中共中央党校学报》1993 年第 21 期。

较强，人口规模和密度均较为合适的时候，城市生活较为安定、太平。人口数量增多会带来城市职业结构的进一步分化，社会文化和利益诉求更加多元。人口异质性大可能造成社会结构复杂、邻里关系淡漠等问题。在城市中的人口异质性较大、人口结构复杂、城市人口规模扩大的时期，各种社会矛盾和违法行为可能上升。

2017年，北京常住人口超过了2170万人，对这样一个拥有庞大人口数量的超大城市而言，社会治理的任务异常艰巨。

（二）不同群体间差距明显，诉求更加多元

北京市居民在收入、教育程度、生活方式和服务需求等方面差距显著。从收入差距来看，2016年，金融业在岗职工平均工资是居民服务、修理和其他服务业的5.46倍，是住宿和餐饮业的4.95倍（见表4-1）。从教育程度看，北京市居民受教育程度较高，但群体间的教育差距也很明显。作为科技创新中心，北京市有丰富的科研和高等教育资源，汇集了众多国内顶级的研究机构和高校，高学历者云集。然而，也有许多从事服务行业或劳动密集型行业的群体受教育程度不高。2017年，在北京地区建筑业一线作业人员中，小学及小学以下文化程度的占24.5%。经济社会地位、教育程度的差别会使不同的群体在公共服务、社会治理方面的诉求更加多元。要同时满足不同居民多样化需求的难度加大。

表4-1　北京几个典型行业的在岗职工平均工资对比

单位：元

行业	2006年	2016年
金融业	113092	288638
信息传输、计算机服务和软件业	81851	169695
居民服务、修理和其他服务业	19792	52858
住宿和餐饮业	22206	58359
制造业	29121	96514

数据来源：《北京市统计年鉴2007》，《北京市统计年鉴2017》。

（三）就业结构变化给劳动关系和社会保障带来挑战

产业结构转型带来就业结构的变化，第一、第二产业从业人员减少，第三产业从业人员增加。建筑业，居民服务、修理和其他服务业，批发和零售业，住宿和餐饮业等流动性较大的行业从业人员占就业人口的比重增多；个体民营经济快速发展，在大量吸纳就业的同时，也给劳动关系协调带来了更多挑战。职业结构中体制外人员和灵活就业人员增多，特别是就业人员的工作场地和时间不固定，使社会保障覆盖难度加大。

（四）社会规范需要加强

随着经济社会的快速发展变革，人们在思想、行为方式和价值观念等方面产生了巨大的冲突和困惑。传统社会规制手段被逐步打破，面对新情况、新问题，新的规范尚未建立或还不完善，一些领域产生规制的"真空"或处于过渡期，导致社会失范、越轨行为多发，影响社会的和谐稳定。2006～2016年北京市公安机关刑事案件立案数增长了24%；法院合同纠纷收案数量增长了79.1%；法院权属、侵权纠纷及其他民事案件收案数量增长了124%。

此外，居民对社会治理的参与热情和能力还需要培养；现有的社会组织缺乏专业人才，承接社会服务的能力还不足以适应首都发展需要；社区服务水平和社区治理能力还远远达不到市民的需求。

四 提升社会治理能力的对策建议

（一）完善利益诉求和表达机制，调和社会矛盾

一是要完善利益表达机制，及时了解群众的利益诉求，维护居民的合法权益。二是要进一步完善以基层矛盾调解为主的矛盾调处机制，及时防范和化解社会矛盾，努力维护社会稳定。三是加强信息公开和公信力。政府要在第一时间积极主动地公开信息，保证居民的知情权，做到信息公开透明，树立公正为民的良好形

象。四是加强舆论监测分析。了解掌握社会舆论动态，引导舆论导向，在接受舆论监督的同时要避免对社会矛盾的扩大化宣传。

（二）培育壮大中等收入群体，塑造橄榄型社会形态

有序高效的社会治理需要形成稳定的社会结构形态，推动更多低收入群体进入中等收入阶层，保护居民合法财富和社会地位，维护社会稳定和谐。

1. 促进城乡共同发展

加快推进城乡一体化发展，让农业生产者共享改革和发展成果。以城乡接合部、重点小城镇、新农村社区和新民居建设为重点，促进城乡统筹发展，提高农村社会公共服务质量，进一步改善农业生产者的生活。

2. 规范收入分配

积极推进收入分配制度改革，提高较低收入者收入水平，扩大中等收入者比重，调整过高收入。一是提高劳动工资的比重，健全工资增长机制。二是推行垄断性行业改革，建立起公平竞争的机制。三是明晰国有企业产权，使其成为进入市场参与公平竞争的主体。四是提高劳动者素质，加强职业的专业化程度。五是完善税收制度和征缴体系，发挥税收在收入调节方面的作用。增加对高收入群体的征税，适当减少对中低收入群体的税收。六是进一步完善社会保障制度，提高保障能力。

3. 畅通社会流动机制

继续大力普及高等教育，提高居民在经过高等教育后进入中等收入群体的可能性。畅通各个社会群体之间的社会流动渠道。减少居民在户籍、就业、人事等方面的体制性和制度性障碍。

（三）着力构建公平公正的社会环境

推动形成平等包容的社会氛围。树立平等保护居民权利的意识。着力缓解贫富差距，推动权利公平、机会公平、规则公平。注重维护低收入者等弱势群体的利益和诉求。加大媒体宣传，培养市民形成公平公正的观念。

（四）加强法治建设，完善依法治理

现代社会，法律规章和各项制度是社会规范的主要形式。因此，需要加强立法和制度建设来协调各类社会关系。确立宪法至上、法律权威的意识，加强法律法规的执行力度，做到有法必依。保持执法机构的独立，提高其权威性，提升其执行水平和规范程度，树立良好的形象。建立信息公开机制，获取公众信任。同时，应充分重视道德、价值观等非制度性规范的建设，树立良好的道德风尚。

（五）培育发展社会组织，创新服务供给

积极培育社会组织，推动社会组织健康发展。加大培育扶植力度，重点扶持一批社区生活服务类、公益慈善类、文体活动类、专业调处类的社区社会组织，提升各类机构承接社会服务的能力。鼓励社会参与，促进社区服务市场的良性竞争。在关系民生的居家养老、安全、医疗卫生等方面加大政府购买服务力度。加强社会组织服务管理。完善社会组织直接登记制度，建立健全政府购买服务管理平台，出台政府购买服务标准化流程，合理约定政府购买服务的合同，规范政府购买服务的范围和程序，实现政府购买社会服务阳光运行。健全社会组织财税、信息公开等管理制度。建立监督机制，加强对社会服务提供者的强化绩效评估，完善考核和奖惩措施，激励社会组织和社会企业提高服务质量。积极推动社会组织参与社会治理，发挥社会组织在参与社会事务、维护公共利益、救助困难群众、化解矛盾纠纷中的重要作用。

（六）综合施策，提高精治共治水平

创新体制机制，促进城市运行高效有序，形成与国际一流的和谐宜居之都相匹配的城市治理能力。建立精细治理长效机制。建立综合施策机制，整合行政、市场、社会、科技手段，实现城市治理方法模式现代化。推广居民议事、民意立项等多元共治的经验，畅通居民参与城市治理的渠道。坚持依法治理、源头治理、综合施策，形成多元共治、良性互动的治理格局。

（七）创新工作机制，推动管理重心下移

深化城市综合管理体制改革，理顺城市管理职责关系，加强城市管理统筹，强化部门联动，增强城市管理工作的整体协调性，构建权责明晰、服务为先、管理优化、执法规范、安全有序的城市管理体制。完善"街乡吹哨、部门报到"工作机制，建立更加科学的考核机制，加大街乡考核部门的权重。统筹街乡、部门的相互考核。采取街乡和部门交叉评价、匿名评价等办法，进一步明确乡镇的统筹职责，推动权责对等。

（八）完善社区治理，夯实社会治理之基

健全以社区党组织为核心、以群众自治组织为主体、社会各方广泛参与的新型城乡社区管理服务体系，努力把城乡社区建成政府社会管理的平台、居民日常生活的依托、社会和谐稳定的基础。

1. 完善制度规范，推动社区共治

加强群众自治，协商议事。发动居民解决关系社区、关系切身利益的问题。要以扩大有序参与、推进信息公开、加强议事协商、强化权力监督为重点，努力让群众更好地行使民主权利，提高自我管理、自我服务水平。

2. 加强社区队伍建设，提高基层服务能力

加强社区专职工作者队伍建设和社区卫生、社区养老护理等社会公共服务人才队伍建设。研究制定社区工作者的工资评定和增长机制。

3. 加强与社区居民的沟通，扩大对社区服务的宣传

社区服务需要进一步加强宣传力度，加强与居民的信息沟通。一方面，更好地了解居民真正的需求；另一方面，让居民了解所在社区有哪些服务项目，可以更好地享受社区公共服务。一是发放社区社会公共服务指南。每个社区制定一套社区社会公共服务指南，对社区提供的社会公共服务项目、服务方式、流程、责任人和联系人等进行介绍和说明，在每个楼门公示或发放到每个居民手中。二是建立社区居民走访制度。由社区楼门长对所在楼门的居民进行定期走访，宣传社区新增的社会公共服务项目，及时了解社区居民对社区公共服务的需求及建议。

4. 大力发展社区志愿服务，扩大居民对社区活动的参与

建立居民社区参与档案和志愿服务积分奖励制度。对居民每一次参与社区活动都进行记录，并定期进行总结和表彰。同时对参加社区志愿服务的居民进行积分奖励，积分达到一定额度给予优先享受社区卫生服务、社区超市购物、社区餐饮打折等优惠。采取更加灵活的活动形式和组织形式，方便居民在空余时间参与活动。

第二节　国内其他城市居住证制度研究和借鉴

改革开放以来，随着物质生产的逐渐丰富，城市化进程的加快，大量农村劳动力进入城市工作生活，许多流动人口已经成为流入城市的常住人口，对平等地享受市民公共服务的需求越来越强烈。大规模的流动人口，一方面为城市的建设和发展做出了积极的贡献，另一方面也给城市的管理和公共的服务带来了挑战。党的十八大、十八届三中全会和中央城镇化工作会议都提出了关于进一步推进户籍制度改革，有序推进农业转移人口的市民化，努力实现城镇基本公共服务常住人口全覆盖的要求。

2014 年，国务院印发了《关于进一步推进户籍制度改革的意见》，指出要"建立居住证制度。公民离开常住户口所在地到其他设区的市级以上城市居住半年以上的，在居住地申领居住证"。2014 年底，国务院发布《居住证管理办法（征求意见稿）》，要求"市级以上地方人民政府应当结合本行政区域经济社会发展需要及落户条件等因素，确定居住证制度实施的区域范围，并根据本办法制定实施办法"。

作为特大型城市和国家首都，北京市如何制定适应自身发展实际的居住证制度，处理好人口和发展之间的关系，促进流动人口的社会融合，是亟须研究和解决的重要问题，对北京市的发展和稳定，具有重要的意义。

一　居住证制度的提出

（一）居住证制度的内涵和外延

早在 21 世纪初，我国各地已经开始实施居住证制度的探索。总体来看，各地的居住证制度可以分为两类：一是取代暂住证进行流动人口管理和提供相应公共服务的制度；二是吸引和引进人才，提供公共服务的制度。虽然都称为居住证，但二者在申领条件、享受待遇、主管部门等方面都有一定的区别。

国务院《居住证管理办法（征求意见稿）》指出，"居住证，是持证人在居住地就业居住、作为常住人口享受基本公共服务和便利、申请登记常住户口的证明"。这主要是指前者。

居住证制度包含三重内涵。一是持证人基本信息的记录凭证和就业居住的证明；二是持证人享受基本公共服务的载体；三是持证人申请常住户口的必要条件。

（二）居住证制度的历史沿革

1. 由暂住登记到暂住证

1958 年全国人大常委会颁布的《中华人民共和国户口登记条例》第十五条规定：公民在常住地市、县范围以外的城市暂住三日以上的，由暂住地的户主或者本人在三日以内向户口登记机关申报暂住登记，离开前申报注销；暂住在旅店的，由旅店设置旅客登记簿随时登记。公民在常住地市、县范围以内暂住，或者在常住地市、县范围以外的农村暂住，除暂住在旅店的由旅店设置旅客登记簿随时登记以外，不办理暂住登记。

1985 年 7 月，公安部制定了《关于城镇暂住人口管理的暂行规定》，要求暂住时间拟超过三个月的十六周岁以上的人，须申领《暂住证》。此后，各部门、各级地方政府都逐步强化了该暂行规定，以便有效地管理流动人口。

1995 年 6 月 2 日，公安部颁布了《暂住证申领办法》，该办法规定，暂住证是公民离开常住人口所在地的市区或者乡镇，在其他地区暂住的证明。同时规定，申请劳务许可证、工商营业执照时应当出示居民身份证或暂住证。将暂住证的申领与公民的劳动权、经营权挂钩，以此为根据，全国绝大多数省市自治区都制定出台了相关规定，流动人口不仅要申领暂住证，而且要遵守与暂住证相关的涉及生活居住、劳动就业、计划生育等方面的义务。

2. 由暂住证到居住证

2003 年，《中华人民共和国行政许可法》颁布后，暂住证制度的强制性失去了法律依托，一些地区开始取消暂住证制度。

随后数年，部分取消暂住证的城市因外来人口犯罪率反弹而恢复暂住证制度。一些地方将暂住证更名为居住证，并借鉴发达国家的"绿卡"制度，逐步赋予居住证更多的内涵和功能，也相应给予居住证持有人在公共服务上享有更多的"同城同待遇"。例如，作为头号流动人口大省的广东，从 2010 年 1 月起施行以居住证制度为框架内容的《广东省流动人口服务管理条例》，开始全面推行强化"居民"和"居住"概念、弱化"户籍"和"暂住"概念的居住证制度，取代了原有的暂住证制度。

2014 年国务院《关于进一步推进户籍制度改革的意见》（以下简称《意见》）中明确，要建立居住证制度。2014 年底，国务院法制办就《居住证管理办法（征求意见稿）》（以下简称《办法》）向社会征求意见。

2015 年，《关于全面深化公安改革若干重大问题的框架意见》中明确取消暂住证制度，全面实施居住证制度，这意味着各地试行多年的居住证制度，由地方性制度正式升格为国家制度。

（三）居住证实施的意义

居住证对加强人口服务管理，保障公民合法权益，推进城镇基本公共服务常住人口全覆盖，促进社会公平正义，维护社会秩序具有重要意义。

1. 改变城市管理理念

取消暂住证制度，建立居住证制度，体现了对流动人口由"排斥"到"接纳"，由"防控为主"到"服务为主"的理念转变，是城市管理理念的重大进步。暂住证制度主要目的是查清流动人口底数，方便社会治安管理。而居住证管理体制的初衷是让流动人口享受基本公共服务和市民福利，并逐渐地纳入城市一体化的市民管理体系。

2. 提高人口管理服务水平

在传统的暂住证管理模式下，由于暂住证管理功能较多，而附加的福利待遇较少，外来流动人口办理暂住证的积极性不高，人口登记漏统、少统现象较为普遍。

目前正在推行的居住证制度和各种城市居民待遇挂钩，通过居住证的办理，流动人口还可以申请"积分入户"，对提高流动人口主动办证意识，行使各项权利有很大的促进和保障作用。此外，流动人口为了尽快融入当地，争取享受当地待遇，获得更多积分，不仅会积极主动登记，而且会更加遵纪守法，努力提升自身技能水平，能把政府的社会管理要求转变为其追求自身利益的自觉行为，使流动人口的个人愿望与政府的社会管理目标有机融合在一起，从而可以有效解决流动人口登记率不高和人户分离的问题，推动人口管理更加有序。

3. 保障公民权益

以居住证为载体，可以建立健全与居住年限等条件挂钩的基本公共服务提供机制，保障公民享受公共服务的权益。《意见》规定，居住证持有人享有与当地户籍人口同等的劳动就业、基本公共教育、基本医疗卫生服务、计划生育服务、公共文化服务、证照办理服务等权利；以连续居住年限和参加社会保险年限等为条件，逐步享有与当地户籍人口同等的中等职业教育资助、就业扶持、住房保障、养老服务、社会福利、社会救助等权利，同时结合随迁子女在当地连续就学年限等情况，逐步享有随迁子女在当地参加中考和高考的资格。

居住证持有者在诸如子女就读、劳动就业、计划生育、卫生防疫、社会保险等方面能享受到一定的"市民待遇"，确立了流动人口作为城市居住者的合法地位，凸显了公平性。虽然居住证制度并不能完全消除户籍与非户籍居民之间的不平等，但能使流动人口享受基本的公共服务，保障了流动人口的权益。

（四）人才居住证制度

1. 人才居住证的起源

我国的引进人才居住证制度发源于上海。2002年，为了促进人才流动，鼓励国内外人才到上海市工作或者创业，提高城市综合竞争力，上海市人民政府令第122号发布了《引进人才实行〈上海市居住证〉制度暂行规定》。该规定明确了上海市居住证持有者可以享受子女义务教育、计划生育、卫生免疫、社会保险、证照办理、机关聘用、资格认定、参加评选等待遇。此后，天津、广州等城市先后出台居住证管理办法，赋予持证人享受一定基本公共服务的权利，同时效法上海，设置了持证年数、缴纳社保年数、教育水平、职称等条款作为落户的前置条件。

2. 北京市工作居住证

（1）办理条件和待遇

2003年，为了优化首都人才发展环境，加速首都人才战略的实施，吸引并鼓励各类优秀人才来京创业和工作，提高城市综合竞争力，北京市发布了《关于实施北京市工作居住证制度的若干意见》，开始实行工作居住证制度，对持有工作居住证者在社保、住房公积金、子女入学等方面给予一系列优惠待遇。和上海市不同的是，北京市将引进人才的居住证称为"工作居住证"，因工作居住证封面是绿色的，持有者可以享受许多福利待遇，也被称为"北京绿卡"。

北京市工作居住证对申领者本人及所在单位设定双重门槛。

首先，申请者本人需要在北京市有固定住所，且具备下列条件之一：具有 2 年以上工作经历并取得学士（含）以上学位；具有中级（含）以上专业技术职称或相当资格、资质；对首都经济和社会发展做出突出贡献或系特殊领域、特殊行业的紧缺急需人才。其次，申领者所在单位要是符合北京城市功能定位和首都经济发展方向及产业规划要求的本市行政区域内具有法人资格的企事业单位、民办非企业单位、社会团体，外国（地区）、外埠在京设立的非法人分支机构，才有资格申请办理工作居住证。

持工作居住证者在以下几个方面享受北京市民待遇，包括：子女在京入托、入中小学就读，免收借读管理费；可购买商品房、批准上市的已购公房和存量房，按有关规定购买经济适用住房；可办理因私出国商务手续；可申请办理驾驶证或临时驾驶证以及机动车注册登记手续；可创办企业，可以企业法定代表人身份申请认定高新技术成果转化项目和科技项目资助；可列入本市人才培养计划，并可参加本市有关人才、专家奖励项目的评选；可参加本市专业技术职务的任职资格评定（考试）、执业（职业）资格考试、执业（职业）资格注册登记；可参加本市基本养老保险、城镇职工基本医疗保险，按规定享受有关待遇，并可按有关规定在本市缴存和使用住房公积金。

（2）居住证和工作居住证的区别

一是申领门槛不同。北京市工作居住证的申领门槛较高，必须具有合法稳定居所，在符合首都功能定位和经济发展方向的行政机关或企事业单位工作，有 2 年以上工作经验、中级以上职称，是取得学士以上学位的人才或有特殊贡献的紧缺人才。

二是享受待遇不同。除了《办法》提及的基本公共服务之外，"工作居住证"持有者还可在北京市行政区域内购买商品房、批准上市的已购公房和存量房，按有关规定购买经济适用住房。"工作居住证"持有者子女可以在京参加中考。

三是签注期限不同。北京市"工作居住证"是三年签注一次；

根据《办法》，普通居住证一年签注一次。

总之，工作居住证不同于《办法》中提到的居住证。前者是大城市为吸引人才，提高城市综合竞争力而设置的享受市民福利待遇的载体。后者是流动人口普遍的居住、就业和享受公共服务的证明，是户籍改革的过渡产物。

（五）居住证与积分落户制度

国务院《办法》第十六条规定了居住证发放地人民政府确定落户条件的原则。其中，城区人口300万至500万的大城市可以对稳定就业的范围、年限和稳定住所的范围、条件等做出规定，也可结合本地实际，建立积分落户制度。城区人口500万以上的特大城市应当根据综合承载能力和经济社会发展需要，以具有稳定就业和稳定住所、参加社会保险年限、连续居住年限等为主要指标，建立完善积分落户制度，合理设置积分分值。

居住证积分制度是通过设置积分指标体系，对持证人进行积分，将其个人情况和实际贡献转化为相应的分值。随着持证人在本市居住年限、工作年限、缴纳社会保险年限的增加和学历、职称等的提升，其分值相应累积。积分达到标准分值的，可以享受相应的公共服务待遇，可以落户。

二 北京市实施居住证制度的环境分析

（一）社会环境——改革是大势所趋

在当前的经济新常态下，我国人口流动迁移规模将持续增长，劳动力转移仍是保持经济中高速增长的重要支撑。预计2030年我国城镇化率接近70%。在未来15年，约有2.3亿人将从农村转移到城镇，从农民变成"市民"。我国城镇之间流动人口约8000万人，流动迁移人口总量由2014年的2.54亿人上升到3.1亿人。

随着社会主义市场经济的发展，劳动力的自由流动，大量的流动人口长期居住在北京，在北京工作、生活，成为实际上的"常住人口"，但许多人由于户籍的限制，无法很好地享受公共服务。如何改进人口管理和服务，更好地为常住流动人口提供基本公共服务，已经成为政府无法回避的问题。

（二）政策环境——居住证实施势在必行

2014 年国务院发布的《关于进一步推进户籍制度改革的意见》明确提出，要创新人口管理，建立居住证制度。要以居住证为载体，建立健全与居住年限等条件相挂钩的基本公共服务提供机制。

《居住证管理办法（征求意见稿）》明确指出，公民离开常住户口所在地，到其他设区的市级以上城市居住半年以上，符合有稳定就业、稳定住所、连续就读条件之一的，可以依照本办法的规定申领居住证。

（三）经济环境——经济基础良好

2014 年北京市人均 GDP 超过 1 万美元，全市第三产业的主导地位继续巩固和提高，产业结构不断优化和升级。全市地方公共财政预算收入完成 4027.2 亿元，比上年的 3661.1 亿元增长 10%，为提供更多公共服务打下了良好的经济基础。全年城镇居民人均可支配收入达到 43910 元，扣除价格因素后，实际增长 7.2%。农村居民人均纯收入达到 20226 元，扣除价格因素后，实际增长 8.6%，超过 GDP 增速。城镇居民人均消费性支出达到 28009 元，同比增长 6.6%，农村居民人均消费性支出达到 14529 元，同比增长 7.2%。收入分配结构的改善，居民收入和消费的增加，使居民对生活质量和公共服务的要求日益提高。

三　国内其他城市居住证制度借鉴

（一）上海：取消人才居住证，统一积分管理

2013 年 5 月 28 日上海市人民政府令第 2 号公布了《上海市居住证管理办法》。2013 年上海市开始实施《上海市居住证积分管理试行办法》。2015 年推出新版。

1. 申领条件

在上海市合法稳定居住；在上海市合法稳定就业，参加本市

职工社会保险满 6 个月；或者因投靠具有本市户籍亲属、就读、进修等需要在本市居住 6 个月以上。

2. 实行积分制度

上海的居住证实行积分制度。通过设置积分指标体系，对在上海市合法稳定居住和合法稳定就业的持证人进行积分，将其个人情况和实际贡献转化为相应的分值。随着持证人在本市居住年限、工作年限、缴纳社会保险年限的增加和学历、职称等的提升，其分值相应累积。积分达到标准分值的，可以享受相应的公共服务待遇。

（1）上海积分指标的主要内容

上海市居住证积分指标体系由基础指标、加分指标、减分指标和一票否决指标组成。基础指标包括年龄、受教育背景、专业技术职称和技能等级、在本市工作及缴纳职工社会保险年限等。加分指标包括紧缺急需专业、投资纳税或带动本地就业、缴纳职工社会保险费基数、特定的公共服务领域、远郊重点区域、全日制应届毕业生、表彰奖励、配偶为本市户籍人员等。减分指标包括申请积分时提供虚假材料、行政拘留记录和一般刑事犯罪记录等。持证人 3 年内申请积分时有提供虚假材料的，每次扣减 150 分。持证人 5 年内有行政拘留记录的，每条扣减 50 分。持证人 5 年内有一般刑事犯罪记录的，每条扣减 150 分。一票否决指标指持证人有违反国家及本市计划生育政策规定行为记录或有严重刑事犯罪记录的，取消申请积分资格。

（2）申请积分的基本流程

持有《上海市居住证》的来沪人员需要申请积分的，可通过互联网登录居住证积分管理信息系统进行网上模拟估分，达到标准分值的，向用人单位提出申请，委托用人单位向注册地区（县）人才服务中心申请积分，并提交相关申请材料。

3. 享受待遇

除了国家规定的 9 项基本公共服务外，上海市还给予满足一定条件的居住证持证人住房保障、子女参加中考和高考等待遇。上海市居住证的持证人可以按照上海市有关规定，申请公共租赁住房。积分低于标准时中止享受。持证人积分低于标准分值的，中止享受相应的公共服务待遇。

4. 废除原有引进人才居住证制度

2013 年上海居住证管理办法实施后，2002 年 4 月 30 日上海市人民政府令第 122 号发布的《引进人才实行〈上海市居住证〉制度暂行规定》、2004 年 8 月 30 日上海市人民政府令第 32 号发布的《上海市居住证暂行规定》同时废止。

（二）*广州：居住证和引进人才居住证并存*

2009 年广东省修订了《广东省流动人口服务管理条例》，规定流动人口管理实行居住登记和居住证制度。

1. 居住证申领条件

广东省居住证根据有效期长短，分为 6 个月和 3 年两类。人才引进类居住证有效期分为 6 个月、1 年、3 年和 5 年。

广东省规定，流动人口应当自到达居住地之日起三个工作日内持本人居民身份证或者其他有效身份证明向居住地公安派出所或者乡镇、街道流动人口服务管理机构申报居住登记。办理有效期最长为 3 年的一般居住证，以就业为由申请办理的，需要提交与用工单位签订的劳动合同及复印件；以经商为由申请办理的，办证人需提供营业执照原件及复印件。

申领人才引进类居住证必须满足以下条件：符合引进人才专业需求；具有中国大陆大学、香港和澳门特别行政区、台湾地区，其他国家知名大学本科以上学历并有学士及以上学位和中级及以上专业技术资格，或者具有技师资格及以上的特殊技能；具有从事五年以上应聘职位要求的本专业工作资历，掌握所要承担工作范围内的知识和技能，并能正确实施技术指导，胜任本职工作；遵守国家和本省的法律法规以及应聘单位依法制定的规章制度，没有犯罪记录。

人才引进类居住证还需要提供在本市的住所证明；二级以上医院出具的健康状况证明；聘用合同或者劳动合同；已经创业的申领人，还应当提交投资或者经营业绩的相关证明；已经入境的境外申领人，还应当提供合法的入境证明等。

2. 待遇标准

社保缴满五年子女可以享受学前和义务教育。除了享受就业、社保、计生免疫等公共服务外，广东省的居住证持证人在同一居住地连续居住并依法缴纳社会保险费满五年、有稳定职业、符合计划生育政策的，其子女接受学前教育、义务教育与常住户口学生同等对待。

连续居住七年以上可以申请户口。居住证持证人在同一居住地连续居住并依法缴纳社会保险费满七年、有固定住所、稳定职业、符合计划生育政策、依法纳税并无犯罪记录的，可以申请常住户口。常住户口的入户实行年度总量控制、按照条件受理、人才优先、依次轮候办理，具体办法由居住地地级以上市人民政府制定。

有效期3年以上人才类居住证持有者子女可报考广东高校。有效期在3年及以上的人才类居住证持有者可以在居住地申请子女入学（托），持证人子女取得本省高中毕业学历的，可以参加广东统一高考，报考广东省部委属高校，省、市属高校或者民办高校。持有居住证的港、澳、台籍和外国籍人员或者获得外国永久（长期）居留权、持居留国护照的留学人员的子女，在语言文字适应期内，参加本省升学考试的，可以按照"四种考生"的有关规定降低录取分数线。

3. 积分标准

广东省人才类居住证计分体系由一般分和创业分两大部分、共12个要素分组成，满分为200分。申领居住证人员的得分，为两大部分12个要素得分的累计分值。

（1）一般分

由基本分、专业能力分、导向分三小部分，共9个要素分组成，满分为 200 分。基本分由年龄、受教育程度、受聘情况、住房情况等 4 个要素分组成，满分为 55 分。专业能力分由专业能力和专业技术培训 2 个要素分组成，满分为 35 分。导向分由专业类别导向、产业（行业）导向、地区导向 3 个要素分组成，满分为 30 分。

（2）创业分

由在本省投资创业、纳税和聘用本省户籍员工数量 3 个要素分组成，满分为 80 分。

（3）标准分值设置

广东省根据不同情况，设置了领取不同期限居住证的标准分值：暂未被本省用人单位聘用的本科及以上学历人员，要素累计分值在 50 分及以上者，可办理有效期为 6 个月或 1 年的居住证。已被本省用人单位聘用或在本省投资创业的人员，可按要素累计分值分别办理相应有效期的居住证：分值在 81 分及以上者，可由申请人选择办理 5 年及以下有效期的居住证；分值在 80 分以下、66 分及以上者，可由申请人选择办理 3 年及以下有效期的居住证；分值在 65 分以下、60 分及以上者，可办理 1 年及以下有效期的居住证。广州市规定，分值在 65 分以下、50 分及以上者，可办理 1 年及以下有效期的广东省居住证（人才引进），其他按照省的标准执行。

4. 积分入户和人才入户并举

2014 年，广州开始实施人口管理和入户新政，又称为人口调控和入户政策"1 + 3"文件，即《关于加强我市人口调控和服务管理工作的意见》及《广州市户口迁入管理办法》、《广州市积分制入户管理办法》和《广州市引进人才入户管理办法》三个配套文件。

（1）积分落户条件

持广州市有效居住证，评分满 60 分，且具备以下所有条件的可以申请积分入户：年龄在 20 ~ 45 周岁，具有初中（含初中）以上学历；在本市有合法住所；在本市就业或创业；缴纳社会保险满4年；符合计划生育政策；无违法犯罪记录。其中，合法住所证明包括：本人或夫妻共同拥有的房屋的合法产权证明；政府、用人单位或学校出具的分房证明、租赁证明；直系亲属拥有供其居住房屋的合法产权证明及同意迁入的书面意见；合法承租且依法办理租赁备案手续、租赁期一年以上的房屋租赁合同。

（2）人才落户条件

围绕着产业转型升级的需求，广东省入户新规不仅放宽引进高层次、高技能人才的年龄门槛，也为环卫工、公交司机、医疗人员等一线人员开辟入户新通道。

广州市规定，具有广州经济社会发展需要的特殊技能或专长人才，如从事体育、文艺、民间传统工艺等行业的特殊技能和特殊专业人才，或长期从事特殊艰苦行业的一线从业人员，如从事环卫、公共交通、教育、基层医疗、养老、残疾人照料等工作的特殊艰苦岗位从业人员，居住证积分达到一定分值，可以申请入户。

（三）深圳：居住证申领更加严格，阶梯式享受福利

2014年10月深圳通过了《深圳经济特区居住证条例（表决稿）》，于2015年6月1日起实施。按规定，深圳居住证是非深户籍人员在深享有相应的权益，参与社会事务管理的法定凭证。

1. 申领条件更严格

深圳居住证的申领条件比国务院规定的更加严格。国务院《居住证管理办法（征求意见稿）》规定公民到其他设区的市级以上城市居住半年以上，符合有稳定就业、稳定住所、连续就读条件之一的，可以申领居住证。

《深圳经济特区居住证条例》明确规定，申领居住证需要同时符合拥有合法稳定居所和合法稳定职业这两个条件。在深圳特区有合法稳定居所的认定条件是：非深户籍人员自办理居住登记之日起至申领居住证之日止，连续居住满十二个月的，视为有合法稳定居所；在特区有合法稳定职业的认定条件是：非深户籍人员

自办理居住登记之日起至申领居住证之日止，在特区参加社会保险连续满十二个月或者申领居住证之日前二年内累计满十八个月的，视为有合法稳定职业。也就是说，深圳居住证的申领者必须在深圳住满一年以上，而且必须连续参加社保一年以上或在二年内累计参保 18 个月。

2. 阶梯式享受权益保障

深圳居住证持证人除享受深圳市规定的基本公共服务外，还可根据居住年限、就业年限等条件，阶梯式享受住房保障等方面的权益，如可网络办理居住证签注、申请职业技能培训补贴等。

3. 积分制度

（1）积分指标

深圳积分指标分值表体系由三部分组成：基础分数、加分指标及减分指标。基础分数包括学历职称、参保情况和居住情况。

（2）积分入户

积分入户需要满足以下基本条件：年龄在 18 ~ 45 周岁；身体健康；已在深圳办理居住证和缴纳社保；符合《深圳经济特区人口与计划生育条例》的规定；未参加国家禁止的组织与活动，无刑事犯罪记录。且按照《深圳市 2014 年度外来务工人员入户指标及分值表》积分达到 100 分即可提出积分入户申请。

（四）天津：积分入户，享受 11 项服务

天津市于 2013 年底发布了《天津市居住证管理暂行办法》。流动人口通过办理居住证可以在天津享受 11 项权益保障和待遇，还可以积分入户。

1. 申领条件

天津市规定，在天津居住 7 日以上的需要进行居住登记。居住登记满半年以上并将继续居住的，可以领居住证。申领居住证需要《天津市居住证申请表》和申请人近期照片、居民身份证等有效身份证明、合法居所的证明、在津就业的应当提交就业证明以及其他证明材料。

（1）合法居所的认定

《天津市居住证办理实施细则》详细规定了合法居所的认定办法，具体有居住在自有住房、居住在租赁住房、居住在居民家中、居住在单位内部、居住在学校内部、其他合法居所证明六种情况。

（2）就业证明

在津就业的，需提供劳动合同复印件；在津投资开办企业或从事个体经营的，需提供企业或个体工商户营业执照副本复印件。

2. 居住证的待遇

相较于国家《居住证管理办法》中规定的 9 项基本公共服务，天津市居住证的"含金量"更高。

一是居住证持有人随迁子女接受义务教育后，符合国家和本市有关规定条件的，可以申请在本市报考中等职业学校、报名参加春季高考和高等职业院校自主招生。

二是可以享受住房保障。天津居住证持有人可以申请承租公共租赁住房、购买限价商品房、购买所在单位自建的经济适用住房。

三是满足条件的居住证持有人有机动车购买资格。天津市实行了机动车限号限行的政策，办理了就业保险的居住证持有人也具有机动车竞价或摇号资格。

四是享有参与居住地社区事务的权利。居住证持有人符合国家和本市有关规定，且取得户口所在地相关选举资格证明的，享有在居住地的选举权和被选举权。

3. 积分制度

居住证积分指标体系包括基本分、导向分、附加分和负积分。总积分为各项指标的累计得分。基本分包括五项内容，分别为：年龄、受教育程度、专业技术和职业技能水平、社会保险和住房。导向分包括职业（工种）和落户地区两项。附加分包括四项内容，分别是：投资纳税、婚姻、奖项和荣誉称号、工作年限。负向分即如果违反计划生育政策或有违法行为则要扣分。在津具有合法稳定的职业和居所，签订 1 年以上劳动合同（或者在津投资办企业）并依法缴纳社会保险费的居住证持有人，具有积分入户申请资格。

第三节　北京市政府信息公开研究

推动政府信息公开是提高政府工作的透明度、促进依法行政、推进治理能力现代化的重要手段。自 2008 年 5 月 1 日实施《中华人民共和国政府信息公开条例》以来，北京市在信息公开方面取得了较大的进展。《中国行政透明度观察报告》显示：北京的政府信息公开度在省级政府行政单位中排名第一，连续三年（2009 ~ 2011）获得"中国行政透明度观察"评比排行榜的冠军。随着经济社会的发展，社会各界对政府信息公开的呼声日益高涨，北京市政府的信息公开程度与不断增长的需求相比还有一定的差距，政府信息公开的效果有待提高，在数据的公开、共享和应用方面，还有许多值得向世界其他国家学习借鉴的地方。

一　北京市政府信息公开的进展

政府信息公开数量稳步增长。2008 ~ 2017 年，北京市主动公开的信息数量由 28.0665 万条增长到 147.5763 万条，增长了425.8%（见图 4 - 2）。

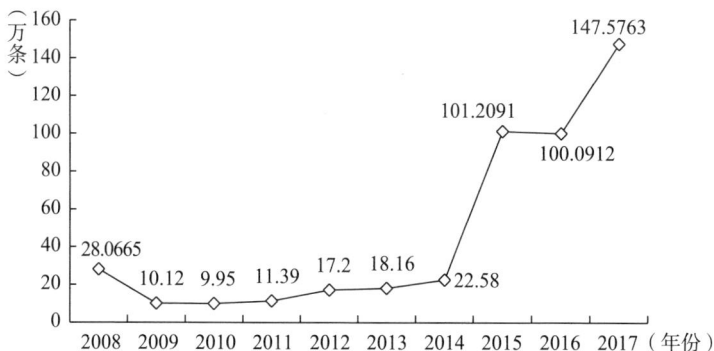

图 4 - 2　首都之窗政府信息公开专栏公开信息数量

重点领域信息公开进一步深化。近年来，北京市在"三公"经费、民生政策、环境保护、保障房建设、征地拆迁补偿、价格变动等人民群众十分关心的、与群众生活息息相关的重点领域的信息公开取得了积极的进展。自 2015 年《北京市政府信息公开规定》实行以来，要求重点且详细公开 12 项社会热点信息内容，财政预算决算、"三公"经费和行政经费信息公开从 2015 年的 2651 条，增长到 2017 年的 4332 条，增长了 63.41%。

信息公开渠道不断拓展。除了不断完善首都之窗政府信息公开专栏之外，北京市还通过新闻发布会、价格听证会、微博、微信、短信、城市管理服务广播、讲座等多种形式公开政府信息。2017 年，政府公报公开政府信息数 703 条，占总数的 0.04%；政府网站公开政府信息数 665500 条，占总数的 37.18%；政务微博公开政府信息数 204230 条，占总数的 11.41%；政务微信公开政府信息数 143942 条，占总数的 8.04%；其他方式公开政府信息数 775595 条，占总数的 43.33%。

稳步推进信息共享。制定发布了《北京市公共信用信息管理办法》，对行政机关归集、公布和使用公共信用信息进行了规范，推动公共信用信息资源共享和社会信用体系建设。

二　北京市政府信息公开中存在的问题

（一）信息不对称现象仍然存在

在到答复期的信息中，有一些信息由于客观原因无法答复。其中，由于申请的信息"非本部门掌握"或"信息不存在"的数量较多。2008～2017 年，答复"非本部门掌握"的信息数量占答复期信息的比例由初始的 10.72% 经历波动变化后下降到 9.17%（见图 4 - 3）；答复"信息不存在"的比例由 27.83% 提高到答复期信息总数的 30.06%（见图 4 - 4）。

这表明许多居民并不了解政府有什么信息，也不了解哪些信息具体由哪些部门掌握，对信息公开申请的规范还不太了解。

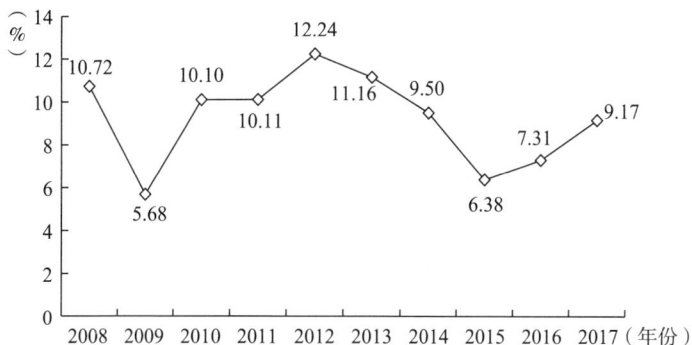

图 4 - 3　北京市公开信息答复"非本部门掌握"的比例

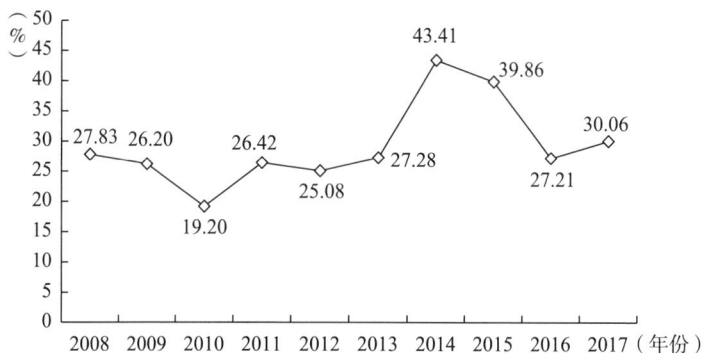

图 4 - 4　北京市公开信息答复"信息不存在"的比例

（二）数据共享程度亟待提高

政府部门拥有许多数据和第一手资料，有些并不涉及保密内容，但在政府与居民之间、政府部门之间，甚至同一部门内部都缺乏共享和交流。为了解某一问题的情况，不同部门可能会分别调研，重复劳动，造成资源浪费。同时，数据格式不统一，统计口径不一致，造成数据的可用性不强。

三　政府信息公开面临的形势

（一）居民对政府信息公开的需求持续快速增长

随着经济社会的发展，居民对政府信息公开的关注度与日俱增，对信息公开的要求越来越强烈。从信息公开的申请数量和政府信息公开专栏点击量的数据变化来看，2008～2017 年，信息公开申请数量由 3631 件增长到 37499 件，增长了 9.3 倍（见图 4 - 5）。

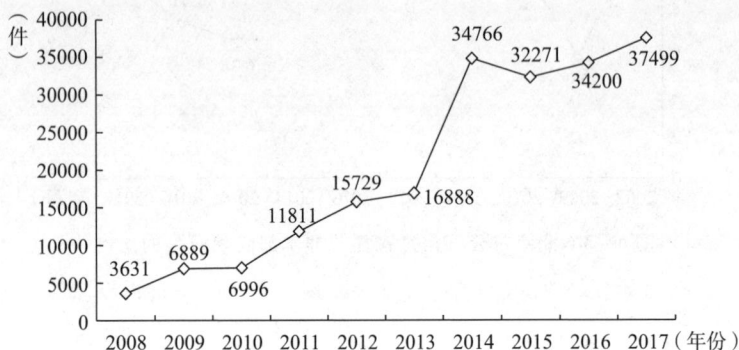

图 4 - 5　2008～2017 年北京市首都之窗公开信息申请数量

2009 年各级政府接待公众查询 31.01 万人次，到 2017 年增长到 1855.1 万人次，增长了近 59 倍。

（二）数据信息成为重要的生产要素

随着经济社会的发展，信息资源作为生产要素、无形资产和社会财富，在经济社会资源结构中发挥着不可替代的作用。中共中央办公厅和国务院办公厅发布的《关于加强信息资源开发利用工作的若干意见》（中办发〔2004〕34 号）明确指出"信息资源已成为经济全球化背景下国际竞争的一个重点"。世界著名咨询公司麦肯锡称："数据，已经渗透到当今每一个行业和业务职能领域，成为重要的生产因素。"特别是在大数据时代，海量数据的应用、挖掘、存储能产生巨大的经济价值和社会价值。2016 年，国内大数据产业窄口径的产值达 168 亿元。政府掌握的大量信息资源，对于企业和个人分析市场，科学地安排生产、生活，合理配置资源的作用越来越重要。

（三）政府信息公开成为城市吸引力的重要因素

政府信息公开程度是国际化城市对高端人才及资本吸引的重

要因素之一。美国 2/3 以上的州政府、主要大城市的地方政府都建立了数据公开的专门网站。旧金山市市长在为当地政府建立的数据公开网站致辞时强调，数据公开的目的首先是"促进当地的经济活力、增加就业，提高一个城市的吸引力"①，其次是加大政府的透明度、保障公民的知情权。自 21 世纪初起，北京市政府就开始大力推行统一透明的办事环境，政府的开放透明度位于全国前列，这也成为北京吸引社会投资及高端人才的重要原因。

（四）互联网技术发展给政府信息公开带来机遇和挑战

互联网信息技术的快速发展，一方面为政府信息的及时发布、快速传播提供了更好的条件和平台，另一方面容易传播不实信息，热点事件尤其是负面消息更容易被聚焦放大。这对政府信息及时准确公开、发布提出了更高的要求。

四　国外政府信息公开的发展趋势

从世界各国的情况来看，政府信息公开也经历了一个逐步发展的过程，总体的趋势是越来越规范，越来越开放，越来越亲民。

（一）完善法律体系，规范信息公开

一般认为，瑞典 1766 年制定的《出版自由法》是最早出台的与信息公开相关的法律规定。该法律的主要内容是规定了写作和出版的自由。在第 10 条"官员的报告、建议等允许出版"中，规定了"应当允许当事人查阅相关的档案，以复印相关文档或者请公权主体确认相关文档的真实性"②。在信息公开范围上，瑞典于 1980 年制定了《保密法》，该法详细列举了各种需要保密而不向公众公开的政府文件的范围，并明确规定除此之外公众都有权利要求查阅。

美国建立了较为完备的信息公开法律体系。1966 年美国发布

① 涂子沛：《政府信息公开新态势》，南方网，2012 年 5 月 22 日，http：//news. gd. sina. com. cn。
② 后向东：《信息公开的世界经验》，中国法制出版社，2016。

了《信息自由法》（此法后经过了多次修订），随后又制定发布了《阳光政府法》、《电子信息自由法》、《开放政府法》等，并不断加以完善。

（二）信息公开的主体不断扩大

近年来，随着信息技术的突飞猛进，特别是互联网的普及，许多国家信息公开的主体已经从文件、会议转变为以电子形式存储的数据记录。例如，某一地区年度犯罪案件的多少、学区学位的变化以及公用场所的租用情况等。为了保证民众能自由使用这些数据，美国政府还为数据公开制定了统一的规范，例如，公开的格式必须是可批量下载的、计算机可自动读取处理的。在美国联邦政府的数据公开网站上，已经公开了近40万项数据。

（三）信息公开及共享程度不断增强

政府信息公开和共享已经跨越国界、洲界，成为世界趋势。美国、英国、挪威、墨西哥、印度尼西亚、菲律宾、南非等国家共同发起了一个新的国际组织——开放政府联盟（OGP），该组织承诺通过互相监督、共同努力来推动世界各国政府的信息公开工作。同时，联盟强调信息公开不仅要及时主动，还要使用可供重复使用的格式。目前，该组织已经有53个会员国。此外，美国和印度政府也开始合作打造数据公开的开源平台，免费提供给其他会员国的政府使用，以推进世界范围内的公共数据公开工作。

五 对北京市政府信息公开工作的几点启示

（一）主动扩大信息公开范围

一是采取主动、开放的心态，积极推进信息公开，增强群众意识和服务意识。二是尝试建立信息公开"负面清单"，除了不能公开的涉密信息，其他信息和数据都可以公开。

（二）提高信息公开服务质量

一是积极拓展信息公开渠道。优化首都之窗信息公开专栏，积极通过微博、微信等新兴渠道公开信息，方便群众了解查询。

二是增强服务意识，提高信息公开的质量和效果。开展信息公开
申请的培训，对于不属于本部门职责范围的信息公开申请，可以
协助居民向相关部门提出申请。三是在政府信息公开总结评定时，
增加群众满意度和第三方评估，督促提高服务质量。四是加强数
据规范，统一规定信息公开的数据格式，缩短上传时间，增强信
息公开的规范性和及时性。

（三）加强开放数据库建设和数据共享

政府部门共同建立统一开放的数据库，建立数据报送、共享
的长效机制，实现信息、资料、数据的共享，增强部门协作，提
高服务群众的社会效益。

第四节　发达国家社会福利管理经验借鉴

社会福利是治理体系中的重要组成部分。社会福利的组织构
成和管理保障是社会福利体系中的重要一环，无论是哪一个国家，
无论其社会体制、经济社会发展程度如何，无论它采取什么样的
社会福利模式，政府都在提供社会福利方面发挥着重要的作用。
本节将对美、德、瑞典、日本四个不同福利体制的国家政府的社
会福利管理机构设置、法律保障的特点进行简要介绍，为完善北
京市社会福利体系提供参考借鉴。

一　社会福利概念和类型

社会福利的概念有广义和狭义之分。狭义的"社会福利"指
为帮助特殊的社会群体，疗救社会病态而提供的社会服务。广义
的"社会福利"指国家和社会为实现"社会福利"状态所做的各
种制度安排，包括"社会保障"制度。美国学者米基利（Midg-
ley）认为，广义的社会福利包括非正式的社会福利（主要由个人、
家庭、邻里和社区提供）、正式的社会福利（有组织的宗教和非宗
教的慈善活动、志愿性社会福利活动）、国家的社会福利。其中，

国家的社会福利包括六大服务：社会保障或收入保障服务（包括社会保险和社会救助）、医疗服务、教育、住房、就业、社会工作服务和对个人的社会服务①。广义社会福利的对象扩大到了全体公民，社会福利的项目从针对弱势群体的社会救助和社会福利服务扩大到了社会保障、教育和医疗等项目。

在我国，"社会福利"一词的使用通常指民政部门管理的社会福利工作，范围较为狭窄。北京市提出"大民政"的理念，重视城乡社会管理、社会保障、公共服务的协调发展，强调民生问题的整体解决、社会建设的统筹发展，实际上是广义的社会福利观的体现。因此，在组织管理、监管体系和法律规范等方面也需要采用相适应的管理体制和措施。

二　美国——自由主义福利体制

按照艾斯平·安德森的福利体制理论，美国是自由主义福利体制的典型代表。由于美国奉行"选择性"的社会保障原则，主要通过市场机制满足个人的社会需求，国家的社会福利职能主要是"为最不能自助的人提供帮助"，因此，其政府社会保障和福利主要针对老人、儿童和贫困人口，并通过严格的家计调查提供社会救助，而对有劳动能力的人的社会福利较少、保障水平不高，商业社会保险和非政府机构在提供福利方面作用显著。尽管如此，美国政府在社会福利体系中也承担了极其重要的职能，并建立了联邦统筹的老年、遗属、残疾保险②。

（一）五大部门分管政府社会福利职能

在联邦政府层面，1953～1979 年，美国的社会福利事务主要由原美国卫生教育和福利部负责。后来，教育部、退伍军人事务部和社会保障管理局分别于 1980 年、1989 年和 1994 年分离出去

---

① 李卫东：《"福利"与"社会福利"的再认识》，《理论月刊》2004 年第 5 期。
② 蔡宇宏：《福利制度：社会民主主义与自由主义的比较——以瑞典与美国为例》，《学术研究》2006 年第 12 期。

成为独立部门。现在的美国社会福利职能分属于美国卫生与公众服务部、退伍军人事务部、美国劳工部、美国社会保障局、联邦国内税收服务局等部门。其中，卫生与公众服务部承担了 300 多项职能，每年提供大约 6 万个补助项目，职能包括：医学和社会科学研究；传染病的预防；保证食品和药品安全；针对老年人和残疾人的医疗健康保险和针对低收入人群的医疗补助；对低收入家庭进行财政资助；实施儿童资助计划；增强母婴健康；智力开发（学前教育和服务）；防止虐待儿童和家庭暴力；滥用酒精等的治疗和预防；为美国印第安人和阿拉斯加土著居民提供广泛的健康服务；等等。美国劳工部主要通过增加就业机会、改善工作环境、保护雇员健康和退休后的利益等措施来增进和改善求职者、在职者及退休人员的福利。

在州政府层面，各州设立的社会保障管理局承担各州社会保险的管理职责，同时各州的劳工、卫生与公众服务部门主要负责各类社会救济项目，对困难群体提供福利援助。

（二）社会保障基金管理分工明确、各司其职

美国联邦社会保障基金的管理机构主要包括：社会保障管理局（SSA）、社会保障信托基金理事会和社会保障顾问委员会（SSAB）[1]。

社会保障管理局负责社会保障的日常行政事务，为社会保障基金提供高效优质的服务网络。例如，负责社会保障号的分配和社会保障卡的发放，还负责推动各种类型的社会补助计划，对美国老年人口、伤残人士及其家属提供财务上的援助。

社会保障信托基金理事会负责对"养老及遗属保险基金"和"残障保险基金"这两支信托基金进行运营管理；理事会每届四年，有 6 名成员，其中 4 名分别是财长、社保局局长、劳工部长、

---

[1] 徐晓新、高世楫、张秀兰：《从美国社会保障体系演进历程看现代国家建设》，《经济社会体制比较》2013 年第 4 期。

卫生与公众服务部长，另外 2 名由总统任命。美国财长是理事会的"执行理事"，理事会每年向国会呈交一份年度报告，对上一年度基金营运的情况进行评估，对下一年度的情况进行预测。

社会保障顾问委员会成立于 1994 年，是独立于行政部门、跨党派的机构，负责对社会保障进行整体的监督、咨询和评估，并向总统和国会就社会保障相关问题提出建议。

（三）严格的监管制度

美国国会、州议会、社会保障顾问委员会等机构负责对联邦政府社会保障资金进行监督。州级养老保险基金接受外部审计和公众监督。公众可以随时对社会保障管理机构进行询问和质疑。

此外，美国对私人保险也有严格的监管。1974 年美国通过了《雇员退休收入保障法》，确立联邦劳动部为私营养老保险的主要监督机构，同时设立政府直接管理的联邦养老金保障公司，保障退休雇员在原雇用企业的养老金计划失败时也能获得养老金。

三　瑞典——福利国家的代表

瑞典是福利国家的典型代表，奉行"普遍主义"的福利原则，其福利资格的确认主要取决于公民资格或长期居住资格，几乎与个人需求程度或工作表现无关，同时强调国家公共部门在社会福利中的作用。

（一）政府管理为主，社会团体为辅

瑞典的社会福利主要采用国家统一管理与理事会协作管理相结合的管理体制。中央政府负责管理和监督，地方政府和社会保险团体负责执行。

在中央层面，卫生和社会事务部、劳动部是瑞典政府履行社会福利行政职能的主要管理部门。卫生和社会事务部的职能范围包括社会服务、改善经济状况、健康、公共卫生、儿童及残疾人权力等，同时负责养老保险、医疗保险、儿童津贴和家庭、遗属补助等项政策的制定。卫生和社会事务部下设全国卫生福利局、国家社会保险局、瑞典国家药品公司、儿童权利调查办公室、瑞典职业生涯和社会研究议会等 15 个机构。其中，国家社会保险局是社会保险经办机构，在地方设有 21 个分支机构，230 个基层办公室。劳动部主要负责失业保险政策、就业政策的制定和再培训等工作。

地区社会保险基金组织是瑞典社会保障主要的地方管理机构。地区保险基金由理事会领导，接受国民保险委员会监督。

（二）法律保障社会福利

瑞典的社会福利法律包括《基本年金法》、《国民保险法》、《社会救助法》等。在司法方面，瑞典政府设立了全国社会保障最高法院和社会保障地方性法院，受理有关医疗保险、养老保险等社会保障相关的诉讼。

四　德国——社会保险的自治和权力均衡

德国联邦政府中承担社会福利职责的部门主要包括德国联邦卫生部，劳动与社会事务部，家庭、老人、妇女和青年部等。社会救助主要由家庭、老人、妇女和青年部与州政府负责。社会保险分别由不同部门负责，卫生部负责医疗和护理保险；劳动与社会事务部负责养老保险和事故保险；德国联邦劳动服务局负责失业保险。各部都下设专门的管理办公室或执行委员会负责具体社会保险的业务管理。各州、地方政府也设立了相应的局（或办公室）负责执行①。

（一）政府主导、社会化管理、自主管理

德国一向奉行"自由、公正、互助"的价值观，其社会保险的管理也体现出自治和权利均衡的特征。联邦政府部门负责制定政策目标和规则、进行监督和协调，不参与社会保险的具体运作。

---

① 田永坡：《德国人力资源和社会保障管理体制现状及改革趋势》，《行政管理改革》2010 年第 4 期。

准公共的自治管理机构负责具体实施各项法律规定，制定和完善服务项目目录，以及保险服务价格、数量和质量的协商、监管。

法定社会保险公司负责社会保险缴费、运营等具体事务，按照市场机制进行独立运作。同时，实行社会保险民主选举、自我管理制度。每个社会保险机构都有自己的代表大会和董事会，代表大会决定机构的章程及其合法的自主权，董事会和业务领导决定机构的财务预算、监督财务支出。投保人和雇主通过公开的选举，选出各自的利益代表者，进入代表大会和董事会，管理社会保险。

（二）行业、企业共同管理

社会保险的准公共组织和法定社会保险机构既有行业性的也有地方性的。例如，法定医疗保险的管理机构有普通地方医疗保险公司（AOK）、企业医疗保险公司（BKK）、手工业医疗保险公司、农业医疗保险公司、联邦矿工医疗保险社团及海员医疗保险公司（SKK）等。海员、铁路职工、矿工和农民的养老保险也分别由按行业设置的保险机构承办。

（三）社会保障法律体系健全

德国社会保障立法始于 19 世纪末。迄今已经建立了包括《医疗保险法》、《工伤事故保险法》、《伤残和养老保险法》、《职工保险法》、《职业介绍法》、《失业保险法》、《手工艺者养老金法》、《农民老年救济法》、《劳动促进法》、《文艺工作者社会保险法》、《健康改革法》、《1992 年养老金改革法》、《社会护理保险法》等在内的较为完备的社会保障法律体系[1]。德国社会保障的法律统一由联邦议会立法。德国社会保险体系一般由法定保险、补充保险或个人储蓄保险组成，以法定社会保险为主。社会保障法律规定，

---

[1] 武敏：《德国社会保障法律制度简介》，2004 年 10 月 19 日，人民网：http://www.people.com.cn/GB/14576/15117/2927989.html。

法定社会保险的对象为企业的职员或工人，所有的企业员工都必须无条件参加，具有强制性。司法体系中专门为社会保障的诉讼纠纷设立社会福利法院，社会福利法院更偏重参保人的利益，对参保人免收诉讼费①。

五　日本——"大部制"管理

（一）"大部制"的福利管理体系

日本社会福利的主要职能部门是厚生劳动省。厚生劳动省是日本在 2001 年行政体制改革中，由原厚生省与劳动省合并而成的。厚生劳动省主管国家有关公共卫生和社会福利等政策的制定，负责劳动就业，管理工会组织的行政事务和协调劳资关系，制定劳动法规、劳动标准，管理社会保险、社会保障以及军人优抚安置。其负责领域相当于我国的卫生部、民政部以及原劳动和社会保障部的职能范围。

厚生劳动省下设医政局、健康局、医药食品局、食品安全部、劳动基准局、安全卫生部、职业安定局、职业能力开发局、保险局等部门。2006 年日本设立了"养老基金管理运营独立行政法人"（GPIF），即投资运营公共养老基金的法人机构，公共养老基金的运营与管理完全交由 GPIF 负责②。社会保险厅及其全国各地的社会保险事务所作为年金保险、健康福利保险业务的经办机构，在厚生省的领导下和地方民生福利部的指导下开展保险业务③。

（二）法律体系完备

日本的社会福利制度的实施和管理有完备的法律依据。日本制定了包括《健康保险法》、《老人保健法》、《厚生养老金保险法》、《国民养老金保险法》、《失业保险法》等在内的 28 项社会保障相关法律，《生活保护法》、《儿童福利法》、《老人福利法》等

① 刘诚：《德国社会保障法律制度述评》，《南京社会科学》2004 年第 3 期。
② 张伊丽：《日本公共养老金的投资运营研究》，《现代日本经济》2017 年第 4 期。
③ 《日本社会保障制度》，全国社会保障基金理事会网站，2006 年 9 月 25 日。

17 项社会福利法律以及《医疗法》、《医师法》等 32 项公共卫生和医疗相关法律。

六　对北京的启示

一是不同国家的社会福利机构设置与各国社会福利的理念、福利体制、文化背景、政治体制等有密切关系，不宜盲目照搬。主要发达国家的社会福利服务有的由不同的部门分别运作，各司其职，如美国、德国等，也有的实行社会福利"大部制"管理，如日本。北京应选择适合自身情况的管理模式。

二是完善社会福利法律法规。主要发达国家社会保障立法较早，而且及时地补充和修正立法，建立了较完备的社会福利法律体系，为社会福利管理和实施提供了法律保障和依据，便于社会保障的推行。

三是加强对社会保险基金的监督管理。主要发达国家都十分重视对社会保险的监管和评估。北京也应加强对社会保险基金的监管、评估和风险防范。

第五节　互联网背景下社会治理的
机遇、挑战及应对

近年来，随着信息技术的发展、我国公民上网普及率的提高，网络越来越广泛而深刻地影响着社会生活。数据表明，截至 2017 年底，中国网民规模达 7.72 亿人，上网普及率为 55.8%，人均每周上网时长为 27 个小时。手机成为最主要的移动上网设备。手机上网人群占比从 2010 年的 66.2% 提升至 2017 年的 97.5%[1]。互联

---

[1]　中国互联网络信息中心：《2011 中国互联网络发展状况统计报告》，http://www.gov.cn/jrzg/2012-01/16/content_2045532.htm；中国互联网络信息中心：《2018 中国互联网络发展状况统计报告》，https://wenku.baidu.com/view/566d9905657d27284b73f242336c1eb91b373345.html。

网在给人们工作、生活带来便利，给社会治理带来机遇的同时，也带来了许多挑战。应当怎样看待互联网对社会领域的影响？如何规范互联网管理以便更好地进行社会治理和社会服务？

一　互联网为社会治理提供了机遇

（一）互联网拓展了政府倾听社情民意的渠道

政府和民众互动和沟通是减少社会冲突、降低社会治理成本、维持社会秩序的重要途径。与传统媒体相比，互联网能更加快捷地将不同地区、不同阶层居民的愿望和要求反映给社会管理者，为管理者倾听民意、改进服务质量提供了重要的渠道。居民可以通过网络平台及时反映他们最关心、最直接、最现实的利益问题。政府部门也能及时听取广大群众的意见建议。2007 年，一名网友向多家媒体举报黑煤窑，仅有一家都市报报道了三四百字的短文，反响甚微。然而，当他在互联网上发帖后，短短几天内点击率达到 58 万次。由此，黑煤窑引起了党和国家领导人的高度重视。随后，政府开展了集中整治黑煤窑的行动，数百名劳工被解救。

（二）互联网应用能够提高社会治理的效率

互联网为创新社会治理方式提供了重要工具。利用网络新媒体推行电子政务和信息管理，改革传统的社会管理体制，重塑管理流程，能够提高政府行政效率，降低行政成本。在突发事件或灾害发生时，用微博、微信给广大居民发送警示和提醒，也能大大提高宣传的效果。

（三）互联网有利于推动社会治理多元化格局

互联网的发展有利于培育社会组织等社会治理的主体，对推动社会治理多元化格局的建立具有积极意义。社会组织的发展需要广泛的社会关注和社会监督。互联网为社会组织提供了公布组织宗旨和活动，接受公众监督的平台。有利于增加公众对社会组织的了解，提高社会组织的公信力。网络平台的发展也有利于提升公众参与社会治理的意识，拓展公众参与的渠道。

（四）有利于促进和谐稳定，传播"正能量"

由于互联网的广泛普及和方便快捷，网络成为推动公益精神、普及"平民慈善"的重要阵地。长期以政府为主导的行政慈善事业正在向社会多元主体互动参与的全民公益转变。网络日益成为汇聚、释放爱心的平台。汶川地震期间，以腾讯公益频道为平台，30多万网友在一个月内捐款2400多万元，创下了中外互联网公益慈善史上网友最高捐赠纪录。网络传播了公益思想和理念，吸引了更多有社会责任感的个人和企业参与慈善活动。

二 互联网对社会治理的挑战

（一）网络谣言影响社会舆论和社会秩序

网络社交平台在表达社情民意方面起到了重要的作用，也是传播"正能量"的重要场所。然而，一些网民为了引起更多人关注，增加"粉丝"，将捕风捉影、未经核实的事件发布在网上，这些消息被迅速转发传播，造成了较大的社会影响。例如，2013年，安徽省庐江县女青年在京温商城坠楼身亡，互联网上出现"女青年离奇死亡"等大量谣言及帮助死者亲友"讨说法"的言论，导致5月8日一些不明真相群众在京温商城门口聚集，扰乱了公共场所和交通秩序。

（二）"群体极化"带来信息"窄化"形成狭隘民意

"群体极化"是指群体中原已存在的观点倾向通过相互作用而得到加强，观点朝着更极端的方向转移。哈佛大学桑斯坦教授认为群体极化是指"团体成员一开始即有某些偏向，在商议后，人们朝偏向的方向继续移动，最后形成极端的观点"。他指出"网络上发生这种情况的比例，是面对面时的两倍多"。在网络上，由于网络团体是网民自愿匿名选择的，兴趣爱好相投的团体成员之间相互强化认同、相互感染，这必然带来信息的"窄化"，即单一化、片面化和局部化，从而在网络舆情中形成"局部民意"、"狭隘民意"，使真实的网络舆情发生扭曲。目前，包括网络管理员和版主在内的网民以年轻人为主，大部分人都心怀正义、充满激情，但是容易受非理性的情感支配。再加上网络推手的推波助澜，群体极化可能更加严重，甚至发生网络暴力现象，给他人和社会带来严重危害。例如，一些网民发动人身攻击，或借助"人肉搜索"等方式，侵害了当事人的人身权、名誉权。一些网民在论坛中宣传极端的思想，影响社会舆论和稳定。

（三）"网络审判"影响舆论导向与司法公正

"网络审判"指超越司法程序对案件做出判断，对涉案人员做出定性、定罪、定刑等结论。随着信息技术的发展，公众通过网络平台行使监督权的能力得到极大提升。然而一些网民和媒体没有把握好公正客观的原则，监督"越位"的现象也越来越多。网络推手通过一系列主观性很强的报道或评论将带有倾向性的观点传播给受众，使受众接受报道的观点并将这些观点内化，影响社会舆论，甚至给行政、司法系统带来压力。"网络审判"给社会公平、公正、平等的司法进程造成了不容忽视的影响。

三　网络事件发生的原因分析

（一）互联网的传播特征使然

上述问题的产生，与网络传播的特点是密切相关的。网络传播具有传播迅速、传播形式多样、传播互动性强等特征，这些特征在给人们带来丰富信息、提供便利的同时，也使信息甄别更加困难，一些网络的线上活动甚至可能转化为线下的集体行动。

传播主体多元化，"把关人"缺失。在传统媒体时代，信息传播过程中存在"把关人"，政府、媒体管理者会对信息进行筛选，决定哪些信息可以进入传播渠道。随着网络技术的发展，网络成为更加自由、开放、互动的系统。人们不仅是被动的受众，而且是能够主动、自发发表自己的观点和意见的"自媒体"。每个人都可以是信息的发布者和传播节点。虽然网络也有管理者和主管机构，但要对海量信息的来源进行甄别、"把关"十分困难。这在广开言路的同时也在一定程度上造成网络上信息鱼目混珠，真假难辨。

传播过程极其迅速。网络传播在传播速度方面具有传统媒体不可比拟的优越性。信息在网络上迅速传播，瞬间可到达地球任何地方。随着 4G 时代的到来，人们随时都可以传递信息，这更加快了网络舆情的传播，各类事件能迅速成为社会关注的热点和焦点。

传播形式多样。网络技术的发展为人们提供了多元化的传播方式。一条消息的传播不仅可以使用文字，还能配上表情、图片、语音、视频等，使信息更加丰富，看上去更可信。

传播行为从单向到多向互动。传统媒体从信息发出到收到反馈需要一定的时间。网络技术和新媒体的发展改变了传统的单向传播模式，具有即时性、互动性。网络媒体的受众能通过回帖、回复与信息发布者即时互动、讨论交流，在转发过程中也能对信息进行评论和补充。公众可以对公共决策以及社会热点问题发表自己的意见和观点，甚至在一定程度上可以扭转公共事件的发展方向。

虚拟空间和真实世界的边界日趋模糊。随着信息技术的发展，虚拟空间和真实世界的互动性不断增强。微博、微信上的沟通、交流是以生活中的朋友圈群为中心的，大部分的用户主要关注朋友、同学、同事及业内人士的微博和微信。因此微博、微信上传递的信息，信任度和接受度都非常高。人们在虚拟世界中不经意间获得的未经甄别的信息可以通过微博、微信等迅速地转发给自己的亲人和朋友。这样，一些网民可能在不知不觉中就成了网络不实信息的传播者。

（二）网络传播者的诉求使然

利益驱动。一些网络服务提供者，为了追求商业利益，热衷于炒作一些热点社会问题，往往在未经核实的情况下，传播一些可能影响社会稳定和正确舆论导向的信息。还有一些网络推手或

"水军"受利益驱使，为了满足雇主的要求不顾事实真相，不负责任地发表言论，以达到左右舆论的目的。当前国内一些大的网络论坛，半数以上的帖子是人为炒作；所谓"热门帖"、"精华帖"等，很少是网民自发点击、回帖形成的，背后几乎都有"网络炒家"在积极推动。一些网络营销策划公司就是利用网络炒作从中获利。

寻求心理宣泄的出口。社会心理学研究表明，人在实名环境下的行为与在匿名下的行为有巨大差别。在多数情况下人们在网络中处于匿名状态。这种匿名性使人的言行具有更大的自由度。人们在匿名状态下，发表意见时没有在现实环境中的种种顾忌，可能更敢于表达自己在现实生活中不敢表达的想法，宣泄、释放情绪。在一起网络谣言的案件中，谣言散布者在被捕后坦言，故意捏造"某某政府瞒报事故伤亡人数"的谣言是为了发泄对社会的不满。

寻求关注和认同。网络给网民提供了相对自由的言论平台。一些网民渴望被社会关注、理解和认同，希望主导社会话语权，甚至"一夜成名"。他们为了增加"粉丝"和媒体曝光率而标新立异，甚至散布谣言。

(三)政府社会治理能力不足使然

政府公信力不足。从一定意义上说，网络舆情的多少是检验一个城市政府是否真正做到"以人为本"、执政为民的标尺。一些地方政府未能及时处理民众反映的问题，对待群众信访处理不当，遇到突发事件采取瞒、躲、压的态度，影响了政府形象，导致许多网民宁愿相信网络流传的"小道消息"。"信法不如信访，信访不如信网"的流行语也从侧面反映了这种现状。

一些地方政府对网络舆情未能及时应对。一些地方政府对网络舆情没有引起高度重视，未能迅速启动应对工作，没能在第一时间发出正面的声音，公布真相不及时，错过了处置突发事件的黄金时期，从而导致小事拖大，最终引发较大规模的群体性事件。

如 2008 年贵州瓮安 "6·28 事件" 和 2009 年湖北石首 "6·17 事件" 等。

四　国外的经验和做法

他山之石，可以攻玉。世界各国在规范互联网管理、打击网络谣言方面有一些措施值得我们借鉴。

（一）完善法律规范

一些国家通过制定法律法规，打击各类网络谣言制造和传播行为，对于规范网络信息传播具有积极的作用。

为了更加有效地管理互联网，美国国会及政府各部门先后通过了《联邦禁止利用电脑犯罪法》、《电脑犯罪法》、《通讯正当行为法》、《儿童互联网保护法》等约 130 项相关法律、法规，对包括谣言在内的网络传播内容加以规制。

印度制定了《信息技术法》，规定对网络谣言散播者可以判处最高 3 年的有期徒刑。2011 年，印度再次修订《信息技术法》，重点加强对网站的规范管理，规定印度政府有关部门有权查封可疑网站和删除内容，网站则应当在接到通知 36 小时内删除不良内容，同时网站运营商还需要在声明中清楚告知用户，不得发布有关煽动民族仇恨、威胁国家团结与公共秩序的内容。

韩国制定了《电子通讯基本法》，该法律规定：以危害公共利益为目的，利用电子通信设备公然散播虚假信息的人，将被处以 5 年以下有期徒刑，并缴纳 5000 万韩元（1 美元约合 1138 韩元）以下罚款①。

（二）加强对网络服务商的管理

澳大利亚规定网络服务商必须与传播和媒体管理局签订协议，保证不散布谣言，不发送垃圾邮件。传播和媒体管理局可以查处

---

① 杨和平：《法治视野下网络谣言的治理之道》，《中共太原市委党校学报》2014 年第 1 期。

网络谣言，以诽谤罪起诉违反规定者。新加坡媒体发展管理局负责网络信息的管理。媒体发展管理局鼓励网络行业建立自己的评判标准，及时查处网络谣言，甚至起诉严重造谣者①。

（三）公开发布权威信息

一些国家通过公开权威性的信息，应对网络虚假信息。例如，英国将谣言治理作为社会危机管理的一部分，并设立公民咨询局，负责向民众答疑释惑，提供权威信息。

五　发挥网络"正能量"，加强社会治理创新

近期开展的互联网集中整治活动卓有成效，但要进一步发挥互联网在社会治理中的积极作用，还需要建立长效机制。

（一）重视网络民意，提升政府公信力

高度重视网络舆情，切实解决群众反映的真实情况和问题。以公共利益最大化为追求目标，努力提高政府部门的服务质量和效率，自觉高效地向公民提供公共物品和公共服务，真正做到"以人为本"、执政为民。

（二）加强新媒体运用，推动政府信息公开由被动应对向主动公开转变

认知心理学指出，人们在接受信息时有"先入为主"的心理，即人们更容易接受第一时间得到的信息。危机管理专家诺曼·奥古斯丁主张："说真话，立刻说。"政府部门应主动运用新媒体，第一时间公开发布权威信息。特别是在突发事件发生时，及时公开信息能够减少公众的恐慌，掌握舆论引导上的主动，赢得媒体和网民的信任。

（三）做好舆情监测，推动网络事件由事后处置向事前预警转变

建立舆情监测和分析机制，对网络舆情进行跟踪、分析和研

---

① 马文琳：《澳大利亚：用一系列法律维护网络安全》，央视网，2014年5月21日。

究。及时了解群众利益诉求，并有针对性地提出可操作的政策建议。对网络群体事件进行预判和预警。建立网络舆情响应机制，迅速做出应急预案。

（四）完善制度法规，推动互联网管理向规范管理转变

加强网络立法和政府管理是各国互联网管理的发展趋势。目前，我国网络传播方面的法律法规的法律效力普遍偏低，关于网络谣言的法律规范分散于民法、行政法、刑法等不同的法律条款中。应不断加强和完善网络管理法律，规范、引导网络空间中的传播行为。对网络传播内容失实的，应依法进行责任追究。尤其是对网络推手等恶意引导舆论的行为，应加大依法惩治的力度。

（五）借助"意见领袖"，引导舆论方向

一些网民由于自身的社会地位、职业背景和学识等因素，容易给人权威的印象，成为网络名人或引导舆论方向的"意见领袖"，影响受众的态度和行为。当网络上出现大量虚假信息和极端言论时，更需要权威的意见。一方面，可以在网上邀请知名专家学者或政府官员实名参与讨论，引导舆论方向。另一方面，专家和网络名人应该坚持底线，不传播虚假信息，在网络传播中发挥积极的作用。

（六）发挥网络正能量，建立积极健康的网络环境

一是加强对网络服务商的管理。督促网站健全完善内部管理制度，提高新闻把关能力，加大对违规网站的处罚力度。二是加强网络媒体从业人员培训。引导他们树立正确的新闻观，恪守职业道德，增强责任意识，对网络信息进行筛选甄别。三是加强对网民的宣传教育。流言止于智者，遏制网络谣言，需要培育理性网民，培养健康向上的社会心态。应鼓励网民不信谣、不传谣、不造谣，共同营造文明健康的网络环境。

参考文献

《2016 年中国人口老龄化结构分析及养老产业发展趋势》，2016 年 6 月 19 日，中国产业信息网：http://www. chinaidr. com/news/ 2016 - 06/97174. html。

《2017 年全市网格化体系建设工作总结》，北京社会建设网：http://shb. beijing. gov. cn/2018/0330/9505. shtml。

阿玛蒂亚·森：《以自由看待发展》，任赜等译，中国人民大学出版社，2002。

爱德华·格莱泽：《城市的胜利》，刘润泉译，上海社会科学院出版社，2012。

北京市民政局：《2016 年北京市民政事业发展统计公报》，北京民政信息网：http://www. bjmzj. gov. cn/news/root/tjnb/2017 - 08/ 124655. shtml。

北京市统计局、国家统计局北京调查总队：《2017 年北京市国民经济和社会发展统计公报》，北京市统计信息网：http:// www. bjstats. gov. cn/zxfb/201802/t20180225_393332. html。

北京市统计局、国家统计局北京调查总队：《北京市区域统计年鉴 2017》，中国统计出版社、北京数通电子出版社，2017，北京市统计信息网：http://tjj. beijing. gov. cn/nj/qxnj/2017/zk/in- dexch. htm。

北京市统计局、国家统计局北京调查总队：《北京市统计年鉴 2007》，中国统计出版社，2007，北京统计信息网：http:// tjj. beijing. gov. cn/nj/main/2007/index. htm。

北京市统计局、国家统计局北京调查总队：《北京市统计年鉴
　　2011》，中国统计出版社、北京数通电子出版社，2011，北京
　　统计信息网：http://tjj. beijing. gov. cn/nj/main/2011 _ ch/in-
　　dex. htm。

北京市统计局、国家统计局北京调查总队：《北京市统计年鉴
　　2017》，中国统计出版社、北京数通电子出版社，2017，北京
　　统计信息网：http://tjj. beijing. gov. cn/nj/main/2017 - tjnj/zk/
　　indexch. htm。

蔡宇宏：《福利制度：社会民主主义与自由主义的比较——以瑞典
　　与美国为例》，《学术研究》2006 年第 12 期。

陈成文、赵杏梓：《社会治理：一个概念的社会学考评及其意义》，
　　《湖南师范大学社会科学学报》2014 年第 5 期。

崔郁：《大力发展三岁以下托幼事业，让"二孩"生得起养得好》，
　　中华女性网，https://baijiahao. baidu. com/s? id = 156149783937
　　2725&wfr = spider&for = pc。

戴维·奥斯本、特德·盖布勒：《改革政府：企业家精神如何改革
　　着公共部门》，上海市政协编译组译，上海译文出版
　　社，1996。

丁健：《论城市治理——兼论构建上海城市治理新体系》，《上海市
　　经济管理干部学院学报》2004 年第 4 期。

丁元竹：《论生活品质及其评价体系的构筑》，《开放导报》2007
　　年第 3 期。

范恒山：《瑞典与美国的社会保障体制》，《管理世界》1998 年第
　　3 期。

冯晓霞、周兢：《世界学前教育大会情况汇报》，百度文库。

盖伊·彼得斯：《政府未来的治理模式》，吴爱民等译，中国人民
　　大学出版社，2001。

耿兴敏：《打造托育服务发展战略规划　破解 3 岁以下托育难题》，
　　《中国妇女报》2017 年 11 月 29 日，转自国务院妇女儿童工作

委员会网站：http：//www. nwccw. gov. cn/2017 - 11/29/content_
　　186812. htm。

郭鸿懋：《城市治理、城市经营与城市政府管理制度创新》，《城
　　市》2003 年第 1 期。

郭鸿懋、踪家峰、江曼琦等：《论现代城市治理的模式》，《理论与
　　现代化》2002 年第 6 期。

何增科：《理解国家治理及其现代化》，《马克思主义与现实》2014
　　年第 1 期。

何增科：《治理评价体系的国内文献综述》，《经济社会体制比较》
　　（双月刊）2008 年第 6 期。

贺军：《少子化现象的成因和影响》，《安邦咨询》2018 年 7 月
　　17 日。

后向东：《信息公开的世界经验》，中国法制出版社，2016。

姜岭、宋明晏：《"街乡吹哨、部门报到"：破解基层治理难题的北
　　京经验》，《前线》2018 年第 4 期。

金南顺：《关于城市治理的理论与实践》，《城市管理—城市发展研
　　究》2002 年第 6 期。

李培林等：《2016 年中国社会形势分析与预测》，社会科学文献出
　　版社，2015。

李卫乐：《"福利"与"社会福利"的再认识》，《理论月刊》2004
　　年第 5 期。

李伟东：《特大城市社会治理反思》，《北京社会科学》2014 年第
　　11 期。

李友梅：《我国特大城市基层社会治理创新分析》，《中共中央党校
　　学报》2016 年第 2 期。

李忠民、汤哲铭：《国内外城市治理模式与我国实践性选择》，《长
　　江论坛》2006 年第 2 期。

梁慧娟、冯晓霞：《北京市幼儿教师职业倦怠的状况及成因研究》，
　　《学前教育研究》2004 年第 5 期。

林南、卢铁龙：《社会指标与生活质量结构模型探讨》，《中国社会
　　科学》1989 年第 4 期。

刘诚：《德国社会保障法律制度述评》，《南京社会科学》2004 年
　　第 3 期。

罗杰·赛莱诺、张燕：《沃斯的"城市化"中的理论与行为》，
　　《中共中央党校学报》1993 年第 21 期。

马文琳：《澳大利亚：用一系列法律维护网络安全》，央视网，
　　2014 年 5 月 21 日。

毛寿龙：《权力、市场与城市治理》，《理论视野》2011 年第 6 期。

MoreCare、腾讯教育：《中国 0～3 岁儿童托育服务行业白皮书》，
　　https：//new. qq. com/omn/20171206/20171206A0OKRI. html。

穆广杰：《居民生活质量评价指标体系的完善》，《郑州航空工业管
　　理学院学报》（社会科学版）2004 年第 6 期。

渠敬东：《项目制：一种新的国家治理体制》，《中国社会科学》
　　2012 年第 5 期。

全国社会保障基金理事会：《日本社会保障制度》，2006 年 9 月 25
　　日，https：//news. qq. com/a/20060925/002000. htm。

饶会林：《城市治理新论》，经济科学出版社，2003。

上海市统计局：《2016 年上海市国民经济和社会发展统计公报》，
　　上海政府网：http：//www. shanghai. gov. cn/nw2/nw2314/nw2318/
　　nw26434/u21aw1210720. html。

上海市统计局：《2017 上海统计年鉴》，中国统计出版社，2017，
　　上海统计网：http：//www. stats － sh. gov. cn/html/sjfb/201801/
　　1001529. html。

上海市质量技术监督局：《上海市地方标准 DB31/T685 － 2013 养老
　　机构设施与服务要求》，上海市民政局：http：//www. shmzj. gov.
　　cn/Attach/Attaches/201311/201311050731025435. pdf。

申剑、白庆华：《城市治理理论在我国的适用》，《现代城市研究》
　　2006 年第 9 期。

盛广耀:《城市治理研究评述》,《城市问题》2012 年第 10 期。

盛继洪:《北京社会治理的现状与出路》,《城市管理与科技》2015 年第 6 期。

施蕾生:《现代城市管理的公众参与及其制度完善的理性思考》,《上海城市管理》2011 年第 2 期。

宋贵伦:《认真落实三项重点任务切实推动"街乡吹哨、部门报到"》,《前线》2018 年第 5 期。

孙永正:《城市经营的五项风险》,《城市问题》2002 年第 6 期。

田永坡:《德国人力资源和社会保障管理体制现状及改革趋势》,《行政管理改革》2010 年第 4 期。

王佃利:《城市治理体系及其分析维度》,《中国行政管理》2008 年第 12 期。

王浦劬:《国家治理、政府治理和社会治理的基本含义及其相互关系辨析》,《社会学评论》2014 年第 3 期。

王浦劬、莱斯特·M. 萨拉蒙等:《政府向社会组织购买公共服务研究——中国与全球经验分析》,北京大学出版社,2016。

吴佳珍、林秋菊:《生活品质的概念分析》,《护理期刊》1997 年第 3 期。

吴思红:《国外城市民主治理中公众参与机制及其启示》,《湖北行政学院学报》2010 年第 1 期。

吴晓明、吴栋:《我国城镇居民平均消费倾向与收入分配状况关系的实证研究》,《数量经济技术经济研究》2007 年第 5 期。

习近平:《关于〈中共中央关于全面深化改革若干重大问题的决定〉的说明》,参见新华网:http://news. xinhuanet. com/politics/2013 - 11/15/c_118164294. htm。

习近平:《切实把思想统一到党的十八届三中全会精神上来》,参见新华网:http://news. xinhuanet. com/politics/2013 - 12/31/c_118787463. htm。

徐林、曹红华:《城市品质:中国城市化模式的一种匡正——基于

国内 31 个城市的数据》，《经济体制比较研究》2014 年第
　　1 期。

徐晓新、高世楫、张秀兰：《从美国社会保障体系演进历程看现代
　　国家建设》，《经济社会体制比较》2013 年第 4 期。

薛澜、张帆、武沐瑶：《国家治理体系与治理能力研究：回顾与前
　　瞻》，《公共管理学报》2015 年第 3 期。

杨和平：《法治视野下网络谣言的治理之道》，《中共太原市委党校
　　学报》2014 年第 1 期。

杨敏：《"国家—社会"的中国理念与"中国经验"的成长——社
　　会资源的优化配置及公共服务与社会治理的创新》，《河北学
　　刊》2011 年第 2 期。

杨雪冬：《论治理的制度基础》，《天津社会科学》2002 年第 2 期。

杨雪冬：《要注意治理理论在发展中国家的应用问题》，《中国行政
　　管理》2001 年第 9 期。

杨艳东：《中国城市治理困境中的公众参与机制与效果分析》，《云
　　南社会科学》2011 年第 5 期。

叶松：《2015 年中国 35 城市生活质量报告出炉》，中证网：http://
　　www. cs. com. cn/sylm/jsbd/201507/t20150704_4749150. html。

叶裕民：《"北京城市提高居民生活质量意向调查"结论之：建立
　　高效产业体系，改革经济适用房制度》，《北京规划建设》
　　2005 年第 2 期。

俞可平：《国家治理体系的内涵本质》，《理论导报》2014 年第
　　4 期。

俞可平：《推进国家治理体系和治理能力现代化》，《前线》2014
　　年第 1 期。

俞可平：《中国治理评估框架》，《经济社会体制比较》（双月刊）
　　2008 年第 6 期。

岳金柱：《"网格化 +"服务：北京的城市治理创新实践》，《城
　　市管理与科技》2012 年第 6 期。

张诗雨：《发达国家城市化发展特征及面临的重大问题》，新华网：http://www. xinhuanet. com/politics/2015 - 04/13/c_127681461. htm。

张小丽：《城市居民主观生活质量及影响因素》，《传承》2008 年第 14 期。

张伊丽：《日本公共养老金投资运营研究》，《现代日本经济》2017 年第 4 期。

赵燕青：《从城市管理走向城市经营》，《城市规划》2002 第 11 期。

郑杭生、陆汉文：《现代性社会理论的演变》，《浙江学刊》2004 年第 3 期。

中国互联网络信息中心：《2011 中国互联网络发展状况统计报告》，http://www. gov. cn/jrzg/2012 - 01/16/content_2045532. htm。

中国互联网络信息中心：《2018 中国互联网络发展状况统计报告》，百度文库：https://wenku. baidu. com/view/566d9905657d27284 b73f242336c1eb91b373345. html。

中国经济实验研究院城市生活质量研究中心：《生活质量指数趋升空气质量食品安全堪忧——中国个城市生活质量报告》，《经济学动态》2014 年第 8 期。

中华人民共和国环境保护部：《2017 年全国大、中城市固体废物污染环境防治年报》，http://www. gepresearch. com/uploads/soft/ 171211/9_1636273051. pdf。

周长城：《生活质量的提高——社会发展的终极目标和最高原则》，《科学决策》2005 年第 7 期。

周长城：《生活质量视角下的教育公平》，《西北大学学报》2008 年第 4 期。

周长城、蔡静诚：《生活质量主观指标的发展及其研究》，《武汉大学学报》2004 年第 9 期。

周长城、汪辉：《全球化：生活质量与生活方式的变革——基于千年发展目标的解读》，《学习与实践》2006 年第 7 期。

朱国宏:《生活质量与社会经济发展》,《人口与经济》1992 年第
　　5 期。
踪家峰、顾培亮:《城市公共管理研究的新领域——城市治理研究
　　及其发展》,《天津大学学报》(社会科学版) 2003 年第 4 期。
踪家峰、郝寿义、黄楠:《城市治理分析》,《河北学刊》2001 年
　　第 11 期。

附　录

北京市人民政府关于印发《北京市提高生活性服务业品质行动计划》的通知

京政发〔2015〕40号

各区、县人民政府，市政府各委、办、局，各市属机构：

现将《北京市提高生活性服务业品质行动计划》印发给你们，请认真贯彻执行。

北京市人民政府

2015年7月29日

北京市提高生活性服务业品质行动计划

一　总体要求

（一）指导思想

深入贯彻落实党的十八大和十八届三中、四中全会精神，深入学习贯彻习近平总书记系列重要讲话和对北京工作的重要指示精神，牢牢把握首都城市战略定位，全面深化改革，认真落实《国务院关于北京市服务业扩大开放综合试点总体方案的批复》（国函〔2015〕81号），守住基本公共服务底线，充分发挥市场配置资源的决定性作用，加快推进本市生活性服务业规范化、连锁化、便利化、品牌化、特色化发展，不断提升服务水平和劳动生产率，更好地满足人民群众对美好生活的新期待，为建设国际一流的和谐宜居之都提供有力支撑。

（二）发展目标

坚持问题导向，贴近市民需求，突出创新引领，强化公共服务，着力推动生活性服务业健康有序发展。到2020年，全市生活性服务业的服务水平和质量效益明显提高，基本形成布局合理、功能完善的行业体系；行业组织化、信息化程度明显提高，流通方式现代化、骨干企业集群化的发展基础更加牢固；品牌影响力明显提高，特色优势更加凸显；法治化营商环境建设水平明显提高，商家诚信经营、群众放心消费的市场环境不断优化。

二 加快实施三项重点工程

（一）品牌建设工程

1. 提升老字号品牌影响力。支持老字号企业利用连锁经营、电子商务等现代商业模式，拓展营销渠道，扩大经营规模。挖掘老字号品牌的传统文化特色，鼓励老字号企业传承、提升产品制作技艺和服务技能，使老字号商品、服务成为广大市民和国内外游客领略古都文化的重要载体。支持老字号企业走出国门，开拓国际市场。（市商务委牵头，市旅游委、市文化局、市工商局配合）

2. 增强品牌竞争优势。支持生活性服务业企业争创中国驰名商标、北京市著名商标，通过实施商标战略开拓市场。（市工商局、市商务委牵头）充分利用首都市场的窗口优势，加强行业交流协作，吸引外省区市和境外生活性服务业知名企业、品牌产品和服务进入首都市场，满足市民多元化消费需求。（市商务委牵头，市工商局、市民政局配合）

3. 促进特色商业街转型升级。对符合首都城市战略定位的特色商业街，要建立动态评价和监管服务机制，提高自主经营和自我管理水平；推动现有特色商业街升级改造，丰富文化内涵，完善软硬件服务功能，增加体验式消费、定制式服务，促进特色商

业街向规范化、品牌化、国际化方向发展。（市商务委牵头，各区县政府配合）

（二）营商环境建设工程

1. 整顿规范消费市场。完善消费环境建设联动机制，加强商品质量、计量和明码标价监督检查，严格单用途商业预付卡监管，强化零售商与供应商的交易监管，保障公平交易。（市商务委、市工商局牵头，市发展改革委、市财政局、市国税局、市地税局、市质监局配合）畅通商务投诉举报渠道，鼓励社会公众参与监督。加强知识产权保护，严厉打击侵犯知识产权和制售假冒伪劣商品行为。（市商务委牵头，市工商局、市质监局、市知识产权局、市公安局配合）

2. 加强行业安全监管。强化食品安全监管，加强联合执法检查，重点整治群众反映强烈的违规露天餐饮、无照无证经营等行为，规范餐饮市场秩序，为消费者营造安全、有序的餐饮消费环境。（市食品药品监管局、市工商局、市商务委、市城管执法局牵头，市市政市容委、市环保局、市公安局、市园林绿化局、市交通委配合）落实行业监管责任和企业主体责任，加大隐患排查治理和安全教育培训力度，深入开展安全生产标准化建设，提升行业安全生产管理水平。（市商务委牵头，市安全监管局、市公安局、市工商局、市民防局、市市政市容委、市质监局、市食品药品监管局配合）

3. 加强行业诚信建设。引导行业协会建立行业诚信服务联盟，持续开展年度诚信示范市场创建活动，推行赔偿先付制度。（市商务委牵头，市经济信息化委、市工商局、首都文明办、人行营业管理部配合）2017 年底前，在全市创建 130 个"无假冒商标商店"。（市工商局牵头，市商务委、首都文明办配合）

4. 健全消费纠纷调解机制。探索建立小额消费纠纷快速解决机制，畅通消费争议快速解决绿色通道，有效保护消费者权益。完善消费纠纷人民调解、行政调解、司法调解联动机制，鼓励行

业协会等社会组织、企业建立消费纠纷人民调解机制，有效化解消费纠纷。（市工商局牵头，市司法局、市商务委、市旅游委配合）

（三）人才培养与岗位技能培训工程

1. 加大人才培养力度。推进中华传统技艺技能大师带徒传承工作，打造一支掌握特殊技艺技能的大师和传承人队伍。加强人才梯队建设，鼓励行业协会、企业开展优秀人才"奖、树、评"活动，培育行业技术能手（服务明星）和企业技术能手（服务明星）。（市商务委牵头，市人力社保局、市国资委、市总工会配合）

2. 开展岗位技能培训。完善政府、协会、企业多方参与的多层次培训体系，健全生活性服务业从业人员岗位技能培训机制，持续举办服务技能大赛，带动企业广泛开展岗位培训、岗位练兵活动，提高全行业从业人员的素质和服务水平。（市商务委牵头，市人力社保局、市民政局、市总工会配合）

三　全面推进六项重点工作

（一）加强便民网点建设

1. 加强社区商业网点建设和管理。区县政府、街道办事处（乡镇政府）要利用国有企业原有商业网点等资源及闲置空间，抓紧配齐服务设施，实现便利店（超市）、早餐、蔬菜零售、洗染、美容美发、家政服务、代收代缴和再生资源回收等8项基本便民服务在城市社区全覆盖，替代"小散乱"等低端业态。持续加强"一刻钟社区服务圈"建设，使群众享受到方便、快捷、舒适的服务。（市商务委牵头，市社会办、市食品药品监管局、市民政局、市规划委、市住房城乡建设委、市国资委、市工商局、市金融局、市环保局、各区县政府配合）全面落实本市居住公共服务设施配置指标，确保新建社区商业配套设施与住宅建设同步实施、同步验收、同步交付使用。（市规划委牵头，市发展改革委、市住房城乡建设委、市国土局、市工商局、市城管执法局、市市政市容委配合）

2. 健全农产品零售网点体系。认真落实《北京市蔬菜零售网点建设管理办法》（市政府令第 249 号），区县政府要按照"市抓批发、区抓零售"的工作体制，切实履行基本公共服务职能，筑牢民生保障底线。培育 10 家农产品零售龙头企业，完善布局规划，重点发展连锁化、品牌化零售网点，提高农产品流通效率和零售网点服务质量。2017 年底前，本市城市社区连锁化、品牌化蔬菜零售网点比例提高至三分之一以上；2020 年底前提高至 40% 以上。（市商务委牵头，各区县政府配合）

3. 加快便民早餐服务体系建设。继续实施早餐示范工程，在城六区基本形成以固定门店早餐服务为主、便利店增设早餐服务为辅、其他形式为补充的便民早餐服务体系。2017 年底前，全市新建或改造 300 家固定早餐门店，发展 150 家具有早餐服务的连锁便利店，符合早餐经营示范店、规范店标准的早餐网点达到 1500 家以上；在此基础上，向社会公布早餐网点目录，方便市民消费；拓展餐饮网点服务项目，开展养老助餐服务；建设 6 个主食加工配送中心，规范化早餐网点统一配送率达到 60%。2020 年底前，全市累计新建或改造 500 家固定早餐门店，发展 200 家具有早餐服务的连锁便利店、10 个主食加工配送中心，建成 1750 家符合早餐经营示范点、规范店标准的早餐网点。（市商务委牵头，市财政局、市工商局、市公安局、市民政局、市环保局、市社会办、市食品药品监管局、市市政市容委、市城管执法局、相关区县政府配合）

4. 多措并举发展健康服务业。发挥药品零售企业网络覆盖广的优势，向社区居民提供多种健康服务。大力发展药品、医疗器械专业物流体系。积极推进药品零售企业、医院与社区卫生服务机构的信息互联互通，支持提供健康服务的电子商务平台建设。（市食品药品监管局牵头，市商务委、市卫生计生委配合）

5. 完善共同配送网络。以进社区、进校园为重点，加快共同配送服务网点建设，承接电子商务、快递等企业的末端配送服务。2017 年底前，建成 500 个共同配送服务网点；2020 年底前，累计建成 800 个共同配送服务网点。鼓励邮政企业、快递企业加强末端网点建设，为市民提供便利的寄递服务；设立智能快件箱，服务市民网络购物需要。（市商务委、市邮政管理局牵头，市教委、市社会办、各区县政府配合）

（二）促进新型商业模式发展

加快推进社区电子商务应用体系建设，大力发展以服务民生为核心，以居民需求为导向，以新一代信息技术为支撑的社区商业服务新模式，推动移动互联网、云计算、物联网等新技术与生活性服务业融合发展。支持服务市民日常生活的电子商务平台建设，鼓励电子商务企业与社区商业实体店开展线上线下优势互补、应用协同，依据线上大数据和线下资源，实现在线交易、线下配送等精准化服务。结合智慧社区建设，利用社区智能终端，推送生活性服务业信息，提供查询、预约、支付等服务。（市商务委牵头，市社会办、市民政局、市经济信息化委、市工商局配合）

（三）探索服务功能集成

1. 培育多服务集成商业模式。制定本市社区连锁便利店示范店建设规范。2017 年底前，建成 50 家具备便利餐、洗衣代收等服务功能的连锁便利店示范店；2020 年底前，累计建成 100 家连锁便利店示范店。支持连锁便利店发展网上订货、实体配送等新模式。（市商务委牵头，市社会办、市食品药品监管局、市环保局、市工商局、市金融局配合）鼓励区县政府、街道办事处（乡镇政府）探索发展一站式社区商业便民服务综合体，引导零售、餐饮、美容美发等生活性服务业连锁企业集聚发展。2017 年底前，全市发展 20 家社区商业便民服务综合体；2020 年底前，累计发展 50 家社区商业便民服务综合体。（市商务委牵头，各区县政府配合）

2. 创新社区再生资源回收管理运营机制。探索将再生资源回收体系纳入垃圾分类管理体系，依托环卫部门专业优势，整合垃圾分类和再生资源回收设施，通过统一运营，提高行业集中度和组织化、规范化程度。在全市形成定时定点回收、网上预约交售相结合的再生资源回收模式，基本实现再生资源回收服务在社区全覆盖。充分运用物联网等新技术，优化再生资源智能化回收体系。（市商务委、市市政市容委牵头，市国资委、市财政局、市规划委、市发展改革委、市社会办、市环保局、市公安局、市城管执法局、各区县政府配合）

（四）引导业态转型升级

1. 加快便民商业连锁化、品牌化发展。建立生活性服务业品牌连锁企业资源库，支持优质品牌连锁企业进社区。鼓励连锁超市和品牌便利店企业扩大直营连锁规模，增强服务社区能力。2017 年底前，在零售行业培育 5 家年销售额超过 60 亿元的连锁超市企业和 3 至 4 家门店超过 200 个的连锁便利店企业；在餐饮行业培育 50 家门店超过 10 个的大众化连锁餐饮企业，连锁餐饮企业在限额以上餐饮企业中的营业额比重达到 55%。2020 年底前，累计培育 7 家销售额超过 60 亿元的连锁超市企业和 5 至 6 家门店超过 200 个的连锁便利店企业；累计培育 55 家门店超过 10 个的大众化连锁餐饮企业，连锁餐饮企业在限额以上餐饮企业中的营业额比重达到 57%。（市商务委牵头，市市政市容委、市环保局、市工商局、市统计局、市食品药品监管局配合）

2. 推动传统商品交易市场转型发展。按照"疏解转移一批、关闭撤并一批、升级转型一批"的原则，加快推进传统商品交易市场升级转移。2017 年底前，培育 5 至 10 家调整升级示范市场；2020 年底前，累计培育 15 家调整升级示范市场。（市商务委牵头，市发展改革委、市财政局、市规划委、市工商局、各区县政府配合）

（五）深化开放合作

1. 推动区域协同发展。落实京津冀协同发展战略，强化生活性服务业的区域协作，加快推进市场一体化进程。构建京津冀生活性服务业合作机制，建立农产品、家政服务等供需对接基地。促进农产品电子商务发展和公共信息平台建设，鼓励区县政府与国内蔬菜主产区政府签订合作协议，支持具有一定规模的农产品生产经营企业进入本市社区开设连锁直营门店，鼓励大中型连锁超市采取"农超对接"模式扩大生鲜农产品销售规模。（市商务委牵头，市发展改革委、市农委、市人力社保局、市民政局、各区县政府配合）

2. 提高对外开放水平。有序推进生活性服务业扩大开放，以开放促改革、促发展，激发市场活力。吸引更多外资进入生活性服务业领域，发挥外资企业在品牌、技术、管理等方面的优势，带动行业整体水平提升。积极促进国外特色餐饮企业、外资零售店铺等在京发展，增加优质商品和服务供给，提高生活性服务业的国际化发展水平。（市商务委牵头，各区县政府配合）

（六）推动绿色发展

开展生活性服务业行业技术改造，提升装备水平，引导企业在实现自身发展的同时承担社会责任，减少对环境的影响。加强行业能耗限额指导，推行《北京市商场超市能源消耗限额》和《北京市商场超市合理用能指南》，推动企业采取措施降低能耗、减少排放。加大对餐饮、洗染、洗浴等行业节能、节水、环保达标情况的联合执法检查力度，依法查处违规行为。（市商务委牵头，市发展改革委、市经济信息化委、市环保局、市水务局、市公安局、市城管执法局配合）

四　保障措施

（一）营造良好发展环境

着力推进法治化营商环境建设，创造公平竞争的市场环境。强化政府基本公共服务职能，以"产业升级有政策、行业发展有目录、网点建设有规划、企业经营有标准"为重点，推动建设统一开放、竞争有序、保障充分的生活性服务业市场体系。调整流通业发展指导目录和行业准入标准，健全企业开业条件、经营管理规范、岗位服务规范等标准体系，提升流通业现代化水平。鼓励各区县积极探索生活性服务业的发展路径和模式，推动体制机

制创新。（市商务委牵头，市发展改革委、市规划委、市工商局、市质监局、各区县政府配合）

（二）加大财政扶持力度

完善生活性服务业配套资金支持政策，加大对生活性服务业重点领域的扶持力度，保障各项工作任务平稳有序推进。研究设立生活性服务业发展基金，支持生活性服务业企业发展。鼓励企业通过引进国际资本、兼并重组、上市等多种方式发展壮大。（市财政局、市商务委牵头）

（三）建立协调联动和运行监测机制

成立提高生活性服务业品质工作小组，统筹推进各项工作任务。各有关单位要提高认识、协调联动，按照任务分工，制定年度工作计划和具体措施，抓紧组织推动落实，并及时通报进展情况。市商务委和市统计局要加强运行监测，掌握发展动态，跟踪评估行动计划实施效果，确保各项工作取得实效。

北京市人民政府关于加快推进养老服务业发展的意见

京政发〔2013〕32 号

各区、县人民政府，市政府各委、办、局，各市属机构：

加快发展养老服务业，是保障和改善民生的重大工程，是全面建成小康社会的客观要求，有利于满足老年人养老服务需求、保障老年人权益，有利于拉动内需、扩大就业、形成首都服务业发展新的增长点，有利于创新社会管理、维护首都社会和谐稳定、推进中国特色世界城市建设。随着人口老龄化进程的加快，本市已进入应对人口老龄化的关键时期。近年来，在各级党委、政府和社会各界的共同努力下，养老服务业发展呈现出良好势头，但总体上还处于起步阶段，存在服务供给不足、结构不合理、质量不高、社会力量参与不充分、扶持政策不健全等问题，亟待解放思想、深化改革、破除体制机制障碍。为深入贯彻落实《国务院关于加快发展养老服务业的若干意见》（国发〔2013〕35 号），加快推进本市养老服务业发展，现提出以下意见：

一 总体思路和发展目标

以邓小平理论、"三个代表"重要思想、科学发展观为指导，贯彻落实党的十八大报告提出的"积极应对人口老龄化，大力发展老龄服务事业和产业"要求，从市情出发，以不断满足老年人日益增长的养老服务需求作为出发点和落脚点，着力创新体制机制、激发社会活力，充分发挥政府的主导作用、社会的主体作用，健全养老服务体系，大力发展方便可及、价格合理的各类养老服务和产品，逐步满足多层次、多样化养老服务需求，使发展养老服务业成为积极应对人口老龄化、保障和改善民生的重要举措，成为扩大内需、增加就业、推动经济转型升级的重要力量。

到 2020 年，建立起以居家为基础、社区为依托、机构为支撑的，设施齐备、功能完善、布局合理的养老服务体系，实现养老服务与医疗康复、文化教育、家庭服务、旅游休闲、金融保险等相关领域互动发展，形成养老服务新业态；社会力量成为养老服务供给主体，养老服务业成为首都服务业重要组成部分，从业人员规模不断扩大；居家生活老年人得到养老服务的全面支持，社区养老服务设施覆盖所有城乡社区，机构养老床位达到 16 万张。

二 强化政府主导和引领作用

（一）统筹规划养老服务业发展

将养老服务业发展纳入国民经济和社会发展规划，列为服务业重点发展领域，制定和组织实施养老服务业发展专项规划，明确发展思路、发展目标、空间布局、设施建设、土地供应、重大项目、资金投入、政策保障，重点扶持以老年生活照料、老年产品用品、老年健康服务、老年文化教育、老年体育健身、老年休闲旅游、老年金融服务、老年宜居住宅等为主的养老服务业发展。

（二）建立基本养老服务制度

建立与首都经济社会发展水平相适应，以满足老年人基本服务需求为目标，提供基本生活照料、康复护理、精神慰藉、紧急救援、法律服务、社会参与等服务的基本养老服务制度，推进基本养老服务均等化。建立养老服务评估制度，对城市"三无"（无劳动能力，无生活来源，无赡养人和抚养人，或者其赡养人和抚养人确无赡养能力）人员和农村五保对象中的老年人实行政府供养，保障其基本养老服务需求；对低收入、失能、失独、高龄和特殊困难老年人，由政府给予相应的福利保障。探索建立长期医疗护理保险制度，减轻参保人将来养老时接受长期医疗护理服务的自付压力。

（三）完善养老公共服务设施

将各类养老服务设施建设用地纳入城镇土地利用总体规划和年度用地计划，合理安排用地需求，可将闲置的公益性用地调整为养老服务用地。规划建设适合老年人的生活服务、医疗卫生、文化体育等公共基础设施。对道路、楼宇等与老年人生活密切相关的公共基础设施实施无障碍改造。明确各级政府建设与管理责任，推进社区养老服务设施配置标准化。新建居住区要根据规划要求和建设标准，配套建设养老服务设施，列入土地出让合同，与住宅同步规划、同步建设、同步验收，由开发商移交给民政部门统一调配使用；老旧小区没有养老服务设施或现有设施不能满足需要的，要限期通过购置、置换、租赁等方式完成达标建设，养老服务设施不得挪作他用。农村地区养老服务设施要纳入农村公共服务设施统一规划、优先建设，依托行政村、较大自然村，充分利用农家大院、闲置校舍等建设托老所、老年活动站等互助性养老服务设施。完善社区为老服务，建设市、区（县）、街道（乡镇）和社区居家养老服务管理网络。支持和引导各类社会主体参与社区养老服务设施建设、运营和管理，各类具有为老年人服务功能的设施都要向老年人开放。

（四）推进政府办养老机构改革

政府举办的养老机构要实用适用，发挥托底保障作用，重点为城市"三无"人员和农村五保对象中的老年人、低收入老年人、经济困难的失能半失能老年人等提供基本的供养、护理服务。优化市、区（县）两级社会福利机构和养老机构资源，实现其示范引领、专业培训、功能试验、品牌输出作用。按照首都功能核心区、城市功能拓展区、城市发展新区以及生态涵养发展区分类，市级建设资金对区（县）政府投资建设的养老机构给予支持。政府支持改造街道（乡镇）养老机构设施设备，完善服务功能，提高运营效益，成为区域性养老服务中心。制定社会资本运营公有产权养老服务设施管理办法，政府办养老机构按照政事分开、管办分离原则，通过委托管理、合作经营等公建民营方式，实现社会化运营。

三　支持社会力量进入养老服务领域

（五）扶持居家和社区养老服务发展

制定运营补贴、收费减免等优惠政策，鼓励专业养老服务企业、家政企业、物业企业以及国家机关、企事业单位、社会组织等为居家老年人提供生活照料、家政服务、医疗康复、精神慰藉、紧急救助等服务；鼓励个人利用家庭资源就近就便开展为老服务。强化社区服务中心在居家养老服务管理中的引领作用，建设"96156 小帮手"居家养老（助残）管理服务平台，使之成为支持居家养老服务、组织养老服务商进入家庭和社区的集成中心和运行枢纽。鼓励农村地区开展养老服务进村入户工作。制定社区托老所管理办法，确立社区托老所的设置标准、职责功能等制度规范，社区托老所按照民办非企业或工商登记的相关规定进行登记；社会资本可以利用居民住宅举办社区托老所。全托型社区托老所享受社会资本投资建设养老机构运营补贴，日托型社区托老所、家庭护理床位按相关规定享受运营补贴。在建设、分配廉租住房、公共租赁住房等保障性住房或进行危旧房屋改造时，统筹考虑家庭成员照顾老年人需求，鼓励家庭成员与老年人共同生活或就近居住。对于高龄、失能的贫困老年人，在其家庭生活设施进行无障碍改造时，给予适当补助。完善为老志愿服务管理制度，倡导邻里相助、结对帮扶，倡导机关干部和企事业单位职工、大中小学学生和社会志愿者参加养老服务志愿活动。探索建立健康老人参与志愿互助服务的工作机制，建立为老志愿服务登记制度。

（六）引导社会资本投资养老机构

严格执行民政部《养老机构设立许可办法》（中华人民共和国民政部令第48号）和《养老机构管理办法》（中华人民共和国民政部令第49号）等相关规定。鼓励社会力量举办规模化、连锁化的养老机构；鼓励社会资本对企业厂房、商业设施及其他可利用的社会资源进行整合和改造，用于养老服务；鼓励境外资本开设养老服务组织和机构。加大财政投入和社会筹资力度，重点支持供养型、养护型和医护型养老机构发展。对社会资本投资建设的非营利性养老机构，给予建设支持和运营补贴。采用公建民营方式的养老机构，运营期间享受社会资本投资建设非营利性养老机构的运营补贴政策。探索营利性养老机构享受基本建设补贴、运营补贴等政策。社会资本举办的非营利性养老机构，采取划拨方式供地；社会资本举办的营利性养老机构，应采取有偿方式供地。落实国家支持养老服务业的税费优惠政策。养老机构用水、用电、用气、供暖价格按照本市相应居民收费价格标准执行。境内外资本举办养老服务组织和机构享有同等的税费优惠政策。

（七）推进医养结合

推动医疗、养老资源结合，制定医养结合试点工作规范标准，构建养老、照护、康复、临终关怀服务相互衔接的服务模式。完善社区卫生服务，社区卫生服务机构应当为老年人建立健康档案。建立社区卫生服务机构与老年人家庭医疗契约服务关系，提供家庭医生式服务，如健康查体、保健咨询以及护理服务指导等。鼓励社区卫生服务机构、医疗机构与社区托老所、养老机构加强合作，签订医疗服务合作协议，实现老年人在养老机构和医疗机构之间的卫生健康服务便捷对接。加快推进面向养老机构的远程医疗服务试点。对于养老机构内设的医疗机构，符合职工（城镇居民）基本医疗保险和新型农村合作医疗保险定点条件的，可以申请纳入定点范围。在符合本市医疗机构设置规划的原则下，支持社会资本举办护理院、康复医院和提供临终关怀服务的医疗机构。医疗机构要积极支持和发展养老服务，有条件的二级及以上综合医院应当开设老年病科，增加老年病床数量，做好老年病、慢性病防治和康复护理。鼓励居民投保健康保险、长期护理保险、意外伤害保险等人身保险产品，鼓励和引导商业保险公司开展相关业务。

（八）培育养老服务社会组织

加大政府购买服务力度，制定政府向养老服务社会组织购买生活照料、康复护理、辅具配置、精神慰藉、紧急救援、法律服务等养老服务的政策。支持社会组织参与管理、运营养老机构和社区养老服务设施，开展养老服务教育培训、研究交流、咨询评估和第三方认证等服务。建立北京市老龄产业协会，培养老年产品研发联盟、养老服务行业协会、养老服务企业商会、专业人员协会、老年学专业研究会等一批北京特色品牌养老服务社会组织，开展养老服务行业标准制定、服务质量评估、服务行为监督及专业职称评定等事务，发挥其在行业自律、监督评估、沟通协调、服务中介、风险分担等方面的作用。积极培育发展为老服务公益慈善组织，支持公益慈善组织重点参与养老机构建设、养老产品开发、养老服务提供等，使公益慈善组织成为发展养老服务业的重要力量。支持基层群众性自治组织开展居家养老互助服务。加强基层老年协会建设，支持老年群众组织开展自我管理、自我服务和服务社会活动。

（九）培养专业养老服务人员

引导和整合高等院校、中等职业学校和职业培训机构教育资源，加快培养老年服务管理、医疗保健、护理康复、营养调配、心理咨询等专业人才，鼓励大专院校对口专业毕业生从事养老服务工作。支持社会资本创办养老服务培训机构。加强老年护理人员职业培训，对参加养老护理职业培训和职业技能鉴定的从业人员按相关规定给予补贴。落实国家关于养老服务从业人员技术等级评定制度的相关规定，实行职业资格认证制度，建立养老服务从业人员工资待遇与专业技能等级、从业年限挂钩制度，逐步提高从业人员收入。对在养老机构就业的专业技术人员，执行与医疗机构、福利机构相同的执业资格、注册考核政策。社会办养老机构和养老服务企业在技术职称评定、继续教育、职业技能培训等方面与政府办养老机构享受同等待遇。建立社会工作者人才引入机制，通过政府购买服务的方式，在养老服务行业中探索设置社会工作岗位。扶助、培训家庭成员长期照料护理老年人；开展老年人长期照护者关爱行动，为社区和家庭中的长期照护者提供短期休整服务。

四　培育养老服务产业发展

（十）加大养老服务业投融资力度

设立支持养老服务业发展的投资引导基金，发挥杠杆放大效应，撬动更多社会资本，培育和扶持养老服务企业发展。充分利用中小企业、科技创新、创业投资等方面的扶持资金以及医疗卫生资金、就业资金、社会保障基金等，发挥资金投入合力，采取投入资本金、直接补助、财政贴息、小额贷款、项目补贴、风险补偿金、参股产业基金等方式，引导社会资本加速进入养老服务领域。支持采取股份制、股份合作制等形式，探索以基础设施"建设—运营—移交"模式建设养老服务设施。鼓励和引导金融机构创新金融产品和服务方式，拓宽信贷抵押担保范围，探索信用担保等方式，加大对养老服务企业及其建设项目的信贷投入。拓展市场化融资渠道，支持养老服务企业上市融资，增强自身"造血"功能。

（十一）建设养老服务产业园区

依托中关村国家自主创新示范区、北京经济技术开发区、通州国际医疗服务区，统筹建设集老年产品研发、生产、物流配送、展览展销等一体化的养老服务产业园区。充分发挥区域资源优势，依托国家和北京市可持续发展实验区，鼓励建设一批功能突出、特色鲜明、辐射面广、带动力强的休闲养生、特色医疗、文化教育、科技服务养老基地。制定优惠政策，吸引国内外养老服务领域知名企业入驻，吸引上下游企业聚集，打造养老服务完整产业链；鼓励竞争力强、有实力的养老服务企业走集团化发展道路，扶持中小型养老服务企业连锁经营。积极搭建供需对接平台，培育养老服务市场，推动其快速发展。

（十二）支持养老服务重点领域发展

编制养老服务业发展指导目录，引导养老服务企业和机构优先满足老年人基本服务需求，扶持重点领域发展。扶持老年生活照料服务业发展，建立以社区照顾为基础的老年照料服务体系，加强专业化老年照护机构和设施服务；扶持老年产品用品发展，研发适合老年人的助行器具、视听辅助、起居辅助、营养保健、服装饰品等生活用品，引导商场、超市、批发市场设立老年用品专区专柜；扶持老年健康服务业发展，加强老年病研究及老年医疗药品、康复护理器械研发，提高健康促进、医疗护理、心理咨询等方面的服务水平；扶持老年文化教育事业发展，利用现代传播技术，建设老年文化传播网络，开办养老服务网站、老年大学，支持老年广播电视栏目发展和老年适读图书报刊、音像制品出版；扶持老年体育健身活动，开辟和增加老年活动场所，适当设置适合老年人的活动器材，开展适合老年人身心特点的体育健身活动；扶持老年休闲旅游业发展，加大老年人休闲娱乐、健康养生、异地养老、京郊养老等旅游产品开发力度，培育老年旅游市场；鼓励老年金融服务业发展，开发适合老年人的储蓄、保险、投资、以房助养等金融产品，支持民众建立完善的养老保险计划，增强老年人消费能力；扶持老年宜居住宅建设，结合城镇化建设、保障房建设和商品住宅开发，规划开发老年宜居住宅和代际亲情住宅工程，推动和扶持老年家庭住宅装修、家具设施、辅助设备等符合老年人适用性、安全便利性方面需求的设计和改造。

（十三）推进养老服务科技创新

充分利用首都高校和科研院所密集优势，推动在养老服务重点领域、基础设施以及老年用品等方面的新技术、新产品研发应用；加强技术集成和服务模式创新，促进养老服务产业升级，培育养老服务品牌的"北京创造"、"北京服务"、"北京标准"等。以"智慧社区"建设为依托，利用现代互联网、物联网等技术，创新居家养老服务模式，发展老年电子商务，建设科技养老服务平台，开发老年家庭医疗监测和传感系统，为老年人提供居家生活、医疗保健、紧急救助等方面远程监护服务。整合实有人口管理系统、养老服务企业管理系统、养老机构服务信息系统等多方面资源，建设统一的首都养老服务信息平台，承担养老服务信息集散、服务商管理、服务质量评价等功能。实施"老年福利服务一卡通"工程。

五　优化养老服务业发展环境

（十四）加强组织领导

各地区、各部门要高度重视养老服务业发展，切实履行统筹规划、政策扶持、资金引导、典型示范、监督管理等职责，进一步强化工作协调机制，定期分析养老服务业发展情况和存在问题，研究推进养老服务业加快发展的相关政策措施，认真落实养老服务业发展的相关任务要求，整合各方养老服务资源，形成齐抓共管、整体推进的工作格局。民政部门要牵头履行业务监管职能，加强宏观引导、行业规范、规划编制、业务指导、信息发布和监督管理。老龄工作机构要发挥综合协调作用，加强督促指导工作。发展改革部门要将养老服务业发展纳入国民经济和社会发展规划，支持养老服务设施建设。价格主管部门要探索建立科学合理的养老服务定价机制。财政部门要逐步建立符合养老服务业发展需要的公共财政投入增长机制。人力社保部门要加强养老服务人员管理、职业技能培训与鉴定。卫生部门要研究医养结合服务模式，提升医疗服务能力。规划、国土、住房和城乡建设部门要统筹规划养老服务设施建设和土地供应。税务部门要落实税收优惠政策。商务、金融、文化、体育、教育、旅游、广电、新闻出版、公安、消防、质监、工商、食品药品监管等部门要按各自职责创新政策，加大对养老服务业的扶持力度。

(十五) 开展综合改革试点

按照政企分开、政事分开、政社分开、营利性与非营利性分开的原则，充分发挥市场在养老服务业资源配置中的基础性作用，转变政府培育发展养老服务的方式，在财政、金融、保险、用地、税费、人才及服务模式等方面进行探索创新。争取国家政策和资金支持，实行养老服务发展综合改革、专项改革，设立养老服务业综合改革试验区和特色功能区，在吸引境外资本投资、养老机构公建民营、医养结合、社区托老、老年配餐、养老服务企业连锁经营、个人延税型养老保险等方面开展试点工作。创新政策，破解发展瓶颈，对试点跟踪培育、定向扶持，打造一批养老服务示范区、示范单位，典型引路、整体推动，促进多种养老服务模式全面发展。

(十六) 建立统计监测和评价体系

完善养老服务统计制度，建立健全养老服务发展评价与监测指标体系，科学、准确、及时地反映养老服务发展状况，跟踪掌握养老服务业发展的总体规模、行业结构、经济效益等基础数据。明确区 (县) 政府在养老服务业发展中的主体责任和任务目标，建立区域养老服务考核评价指标体系，将保障基本养老服务纳入政府绩效考核，将整合区域养老服务资源、满足多样化养老服务需求纳入社会评价体系。建立相关部门、区（县）、行业组织和社会单位之间的信息共享机制。健全政府扶持重大项目的绩效评估制度。

（十七）营造良好社会环境

引导、培育、扶持社会力量积极主动投身养老服务业，形成政府、市场、社会、家庭和老年人共同参与、各尽其能的发展格局。健全市场规范和地方标准，完善监管机制，提升养老服务质量和产品质量，引导老年人树立健康的养老观念、社会化养老服务的消费理念，营造安全、便利、诚信的老年消费环境。广泛宣传敬老、养老、爱老、助老、孝老传统美德和养老服务先进典型，加大对"孝星"和为老服务示范单位的命名和表彰力度，强化社会积极应对人口老龄化的观念和思想准备，构建具有首都特色的现代和谐养老文化。

（十八）加强督促检查

各地区、各部门要加强工作绩效考核，确保责任到位、任务落实。各区（县）政府要根据本意见要求，结合实际抓紧制定实施意见。市各相关部门要根据本部门职责，制定具体政策措施。市发展改革委、市民政局和市老龄办要加强对本意见执行情况的监督检查，及时向市政府报告。市政府将适时组织专项督查。

北京市人民政府

2013 年 10 月 12 日

图书在版编目（CIP）数据

居民生活品质提升路径：以北京市为例／段婷婷著
. -- 北京：社会科学文献出版社,2018.9
ISBN 978 - 7 - 5201 - 3627 - 3

Ⅰ.①居…　Ⅱ.①段…　Ⅲ.①居民生活 - 生活质量 -
研究 - 北京　Ⅳ.①D669.3

中国版本图书馆 CIP 数据核字（2018）第 227411 号

居民生活品质提升路径
—— 以北京市为例

著　　者／段婷婷

出 版 人／谢寿光
项目统筹／谢蕊芬
责任编辑／赵　娜

出　　版／社会科学文献出版社 · 社会学出版中心（010）59367159
　　　　　地址：北京市北三环中路甲 29 号院华龙大厦　邮编：100029
　　　　　网址：www. ssap. com. cn
发　　行／市场营销中心（010）59367081　59367018
印　　装／三河市尚艺印装有限公司

规　　格／开 本：787mm × 1092mm　1/16
　　　　　印 张：12　字 数：162 千字
版　　次／2018 年 9 月第 1 版　2018 年 9 月第 1 次印刷
书　　号／ISBN 978 - 7 - 5201 - 3627 - 3
定　　价／59.00 元

本书如有印装质量问题，请与读者服务中心（010 - 59367028）联系